独角兽

Routledge
Taylor & Francis Group

被AI控制的潜意识

欧盟《人工智能法案》的法律策略

[奥地利]诺思坦 Rostam Josef Neuwirth | 著

戴艺晗 | 译

上海人民出版社

献给蓓萌

目　录

CONTENTS

前　言

疫情期间，许多为了对抗病毒传播的对策应运而生，加速了被广泛称为“人工智能”的新技术的发展和使用。与“大流行疾病”类似，这些新技术的使用极大地改变了我们公开及私下生活的方式，并可能就此创造出一种“新常态”。然而，此种剧烈变化对法律层面的深层和长期影响通常需要时间来显现。

犹言如此，不过就如何应对变化而言，法律作为科学、技术和语言所提供的早期预警系统具有巨大优势，它们共同提供了对有一天终将出现的、细微的，可以被称为潜意识教化趋势的重要见解。我对法律具有此种优势的信念在撰写我的书《矛盾修辞时代的法律——语言、逻辑和法律的联觉》[*Law in the Time of Oxymora*：*A Synaesthesia of Language*，*Logic and Law*（*Routledge 2018*）]时得到加强，最近当我重读最初起草于2017年10月10日的此书序言时，我再次确认了这一点。此书的序言这样写道：

在这个世界上，变化的复杂性以及快速性，像一个全球性的大流行疾病，对法律，特别是对作为提供法律确定性和可预测性工具的法治产生了威胁。

回溯当时，我对“大流行”这个词的隐喻性用法知之甚少，更没有预料到真正意义上的另一种全球大流行即将暴发。事后看来，即便如此，但这件事提醒我，在隐喻和矛盾中发现的语言变化，如同技术变化一样，确实提供了一个可靠的指标，表明最终会浮出水面的隐藏趋势。几乎可以认为，细微的语言变化就像“潜意识信息”，也被称为“隐藏的说服者”一样发挥作用。从这个意义层面出发，“人工智能”一词（以及与此类新技术相关的许多其他概念）被反复描述为一种矛盾修辞法*，并非巧合。

以上提及的显而易见的巧合激发了我对此书的研究兴趣，概括而言，这本书的灵感来自欧盟委员会发布的《人工智能法案》，特别是此法案中禁止“使用在*人的意识之外部署包含潜意识教化技术*（Subliminal techniques）的人工智能系统”的提议。在我看来，此项禁令标志着未来人工智能监管的核心问题，因其直指新技术将通过

* 译者注：“矛盾修辞法”是一种修辞手段，意指将两个相互矛盾的词语组合在一起，使所表达的语义更强烈，如莎士比亚在《罗密欧与朱丽叶》中使用的甜蜜的忧伤（sweet sorrow）。

人类大脑中的各种感官渠道播下认知种子这一现象。换言之，对这些技术的控制将意味着对（大部分）人类思维的控制，当人工智能与大数据和其他技术、工具或应用相结合时，也将意味着对未来的控制。

从过往的历史案例中我们已经得知，认知的变化通常先于政治、制度及法律和法规中所体现的其他具体变化。矛盾的是，法律通过公开那些指导我们思考和影响我们行动的“隐藏”过程，在认知变化中发挥作用。这解释了为什么法律本身必须适应人工智能创造的新的可能性，人工智能被比作“数字水晶球”，可以预测未来，甚至承担着世界创造者的角色。由于这些新技术大多不仅决定了我们在所谓“黑匣子社会”中的生活，而且还渗透到我们思想“黑匣子”的隐秘深处，因此，法律必须在思想上启动对其建设性回应的探索。

本书旨在为寻求法律和法律推理的新认知框架作出建设性贡献。鉴于所有相关事项的复杂性，这是一项步履维艰的任务。因此，如果没有这么多朋友、同事以及本书中引用所有著作作者的投入、帮助、启发和提供的批判性意见，本书是不可能完成的。在此，我希望明确表达我对 Regis De Silva、Pier Luigi Gentili、Sara Migliorini、Tambiama Madiega、Valentin Jeutner、Isselmou Abdarahmane、Risto Uuk 和李意的诚挚谢意，他们对早期版本提出的建设性意见有助于我更好地理解复杂和跨学科的基本问题。我还要感谢 Mónica Ariño、Iris Eisenberger、Danny Friedmann、Alison Harcourt、Alexander Hartl、Stefan Rauschenberger、Nathalie Smuha 和 Riccardo Vecellio Segate 提供的其他形式的帮助。

在澳门大学法学院中，我要特别感谢唐晓晴院长、魏丹、Augusto Teixeira Garcia、涂广建、Perumal Ramaswamy、Alexandr Svetlicinii、翟小波、杜立、Vera Lúcia Raposo、Isabel Mousinho de Figueiredo、Célia Filipa Ferreira Matias、许文华、陈志杰和 Denis de Castro Halis。感谢他们过去、现在和将来与我进行的或将进行的诸多富有成效的讨论。我也要明确感谢澳门大学人文社科高等研究院（IAS）及其研究员在促进真正的跨学科对话方面所发挥的关键作用，这些会议由副院长 Billy K.L. So 主持，由 Amy Vong 辛勤组织。我还从参加的第一届 IAS 年会，特别是於兴中教授关于“智能技术与法律对话”的演讲中得到了重要启发，该年会的主题为“跨越学科的反思：中国故事与文理对话”。此外，在袁振教授和伍海燕的协助下，认知与脑科学研究中心（CCBS）也为本书提供了重要建议。在此，我还要感谢澳门大学对“法律如同‘科幻’：人工智能及其他新技术的未来监管挑战”（MYRG2019-00017-FLL）项目提供的多年期研究资助。

在澳门大学之外，我必须向联合编辑 Colin Picker、Junji Nakagawa、Meredith Kolsky Lewis、Peter-Tobias Stoll 以及所有贡献者致以诚挚感谢，感谢他们以乌托邦和反乌托邦的方式参与未来研究的灵感，这些灵感来自我们共同编辑的《世界贸易组织后的国际法律秩序：乌托邦、反乌托邦和其他情景》[*A Post-WTO International Legal Order：Utopian，Dystopian and Other Scenarios*（Springer 2020）]一书。同样，我必须感谢联合国大学（UNU）澳门研究所的黄京波、Serge Stinckwich 和 Mamello Thinyane，他们让我参与了与本书有关的许多重要活动。我也要特别感谢《法律、技术与人类》杂志的总编辑 Keiran Tranter，以及《国际法律符号学杂志》和《法律与视觉法理学》系列丛书的编辑 Anne Wagner 和 Sarah Marusek，感谢他们将我纳入这些新颖而富有启发性的项目中，给予了我就“法律与技术”的辩论以及法律符号学领域所蕴含的法律联觉思想以重要启发。我同样感谢匿名审稿人提供的有用反馈意见，以及 Siobhán Poole、Sanjo J. Puthumana 和 Dominic Corti 在出版过程中给予我的指导。

最后，我还要感谢我所有的朋友和家人，包括 Iris Neuwirth 和她的整个家族、Olga Neuwirth、Gösta Neuwirth、Harald Neuwirth、Holger Neuwirth、Martin Kleiner、Stefan Meyer、Peter Griss、Robert

Schütze，以及 Daniel 和 Brigitte Hollegha。他们在生活的各个领域给我提供了源源不断的支持。同样，我也衷心感谢张蓓萌女士和我们的孩子 Eram J. 和 Lea J.，感谢他们对此书的支持及提供的巨大灵感。

诺思坦（Rostam Josef Neuwirth）

2022 年 3 月 20 日

于澳门

绪 篇

——*“旧律法约束手，新律法控制心。”*①

有一句流行语是这么说的：“如果你不控制你的思想，思想就会反过来控制你！”此话可以进一步引申为，如果你不控制你的思想，很可能会有人越俎代庖。第二种情形引发了法律是否应该介入以保护思想自由，使其免受控制和操纵的迫切思考。现实中，法律已经通过承认思想和认知自由权这种最普遍的形式致力于保护思想免受各种形式的干扰。此外，立法者还制定了一些更具体的法律和规定，如禁止潜意识商业广告或监管“假新闻”，以保护人类思想免受潜在的有害和操纵性干扰。

然而，身处技术快速创新的时代，人类遇到的重要难题之一是法律是否足以保证类似的操纵行为不会出现在其他部门或如神经营销、推荐系统或大脑间谍软件等现象中。换言之，法律能否保障作

① Thomas St. Aquinas，*The* ‘*Summa Theologica*’ *of St. Thomas Aquinas*（New York：Benziger Brothers，1915）18.

为人类尊严生活重要组成部分的思想认知自由，抑或人类已经进入了一个“私人思想”一词被归类为一种矛盾修辞法的时代？此问题对于如今被广泛概括为“人工智能”技术的研究与应用意义重大，这些人工智能技术借由被称为“潜意识启动”的方式影响人类思想，即“通过低于意识阈值的刺激，改变了后来相关认知任务发生的概率”。[①] 在法律领域，尤其是执法领域，潜意识现象问题具有一个自相矛盾的难题，即如何检测不可被检测到的东西。

在试图回答这个自相矛盾的难题之前，需要重新审视法律和法规在保护思想免受潜在的有害和操纵性干扰方面所扮演的角色。首先需要加强不同法律和法律学科之间更好的协调性和一致性。与此同时，法律科学和以神经科学为代表的其他科学领域需要更密切的合作。简言之，神经科学对法律至关重要。[②] 归根结底，神经科学关注的是大脑和思想，而法律和规范正是从这两者中衍生而来。[③]

---

① Gary R. VandenBos（ed.），*APA Dictionary of Psychology*，2nd ed.（Washington：American Psychological Association，2015）1044.

② Antonio D’Aloia，“Law Challenged. Reasoning About Neuroscience and Law” in Antonio D’Aloia and Maria Chiara Errigo（eds.），*Neuroscience and Law：Complicated Crossings and New Perspectives*（Cham：Springer，2020）1—36，1.

③ Michael S. Pardo and Dennis Patterson，*Minds，Brains，and Law：The Conceptual Foundations of Law and Neuroscience*（Oxford：Oxford University Press，2013）xiii，and Rostam J. Neuwirth，“Law as Mnemonics：The Mind as the Prime Source of Normativity”（2008）2（1）*European Journal of Legal Studies* 143—182，144.

那么，反之呢？法律对神经科学也很重要吗？答案显然是肯定的。人工智能日益成熟，对人类生活和所作的决定具有根本意义，这就需要我们更密切地监视人工智能对人类生存造成的影响，并就如何才能最好地监管各类人工智能展开严肃的法律辩论。具体而言，人工智能的日趋成熟要求我们不仅要对人工智能进行专门监管，还要重新审视一些基本权利，如思想和意识自由的权利，以期将它们发展成一种统一的“精神隐私和认知自主”权。与此同时，人工智能的发展呼吁采用全新的法律概念，或对现有法律概念进行进化解释，以符合当今针对人类思维科学理解而取得的进展。鉴于人工智能本身的目标是理解人类思维的基础和运行机制，并“试图通过人工复制它们”①，这一点尤为重要。

在学术辩论中，以上趋势可以从学者对法律和神经科学之间的联系以及对被称为“神经法”②的跨学科研究领域越来越感兴趣中窥知一二。人工智能已经对社会产生了重大影响，随着技术对人

① Pier Luigi Gentili,“The human sensory system as a collection of specialized fuzzifiers: A conceptual framework to inspire new artificial intelligent systems computing with words”(2014) 27 *Journal of Intelligent & Fuzzy Systems* 2137—2151, 2137.

② Arian Petoft and Mahmoud Abbasi,“A Historical Overview of Law and Neuroscience: From the Emergence of Medico-Legal Discourses to Developed Neurolaw”(2019) 10 (2) *Journal on European History of Law* 15—33, 15.

脑的不断侵入，这种影响会进一步扩大，因此我们迫切需要采取监管措施。[①] 截至目前的监管措施主要表现为制定对社会有益的人工智能道德原则倡议。其中值得一提的是人工智能的五项伦理原则：*受惠于人*、*非恶意性*、*自主性*、*公正性和可解释性*。[②] 然而从长远来看，仅有这些人工智能核心伦理原则还远远不够，因为原则需要与相关的立法或监管工作相匹配，然而到目前为止，立法领域并未作出充分的具体回应。这就解释了欧盟于 2021 年 4 月提出的《人工智能法案》提案作为人工智能领域一项重大而全面的立法努力，为何能如此引人注目。[③] 虽然仅限于欧盟，但根据欧盟成为“安全、可信和有道德人工智能发展全球领导者”的愿景[④]，该提案可能会产生超出欧盟管辖范围的影响。这一拟议的人工智能监管框架的范围标志着“人工智能历史上的一个决定性时刻，因

---

① Eduardo Magrani，“New perspectives on ethics and the laws of artificial intelligence”（2019）8（3）*Internet Policy Review* 1—19，15.

② Luciano Floridi and Josh Cowls，“A Unified Framework of Five Principles of AI in Society”（2019）1.1. *Harvard Data Science Review* 1—15，1；doi：10.1162/99608f92.8cd550d1.

③ European Commission，*Proposal for a Regulation Laying Down Harmonised Rules on Artificial Intelligence*（*Artificial Intelligence Act*），COM（2021）206 final（21 April 2021）[AIA].

④ European Council，*Special meeting of the European Council*（*1 and 2 October 2020*）*— Conclusions*，EUCO 13/20（2 October 2020）para. 13.

其最终将成为全球第一个包含有约束力人工智能规则的全面立法措施”。①

总体而言，欧盟《人工智能法案》试图为人工智能创建一个广泛而全面的监管框架。然而，本书主要关注人工智能的一个具体方面，即人工智能系统的潜在操纵性影响。对于此，欧盟《人工智能法案》认为，尽管人工智能有许多有益用途，但它“也可能被滥用，并为操纵性、剥削性和社会控制行为提供新颖而强大的工具”。②因此，该法案建议禁止各种操纵行为，其中特别提到了禁止“*使用在人的意识之外部署潜意识教化技术*的人工智能系统”。③

---

① Thomas Burri and Fredrik von Bothmer, “The New EU Legislation on Artificial Intelligence: A Primer”(22 April 2021); available on SSRN: https: //ssrn.com/abstract=3831424; see also Graham Greenleaf, “The ‘Brussels effect’ of the EU’s ‘AI Act’ on data privacy outside Europe”(2021) 171 *Privacy Laws & Business International Report* 1—10, 2, Eduardo Gill-Pedro, “The Most Important Legislation Facing Humanity? The Proposed EU Regulation on Artificial Intelligence”(2021) 1 *Nordic Journal of European Law* iv—x, v, Armen Zh. Stepanyan, “European Artificial Intelligence Act: Should Russia Implement the Same?”(2021) 8 (3) *Kutafin Law Review* 403—422, 403, and Michael Veale and Frederik Zuiderveen Borgesius, “Demystifying the Draft EU Artificial Intelligence Act”(2021) 22 (4) *Computer Law Review International* 97—112, and Vera Lúcia Raposo, “Ex machina: preliminary critical assessment of the European Draft Act on artificial intelligence”(2022) International Journal of Law and Information Technology 1—22; https://doi.org/10.1093/ijlit/eaac007.

② Recital 15 AIA, *supra* note 9.

③ Art. 5 (1) lit.a) AIA, *supra* note 9 [*Italics* added].

这一具体规定只是人工智能规制众多重要领域中的一个方面，但在制定中也遭遇了重重困难。第一，该条款没有定义或进一步解释所使用的重要概念如“潜意识教化技术”或者“实质性地扭曲一个人的行为”的具体含义。第二，这些挑战涉及为每一种单独的感官以及所有感官一起建立绝对的意识感知阈值问题。正如“联觉”的英文“synaesthesia”一词所蕴含的［“一起感知”来自“syn（协同）=together（一起）+aisthesis（希腊文，感觉或官能的知识）=perception（感知）”］[①]，各个感官虽然孤立，但也相互影响。当务之急是思考这种普遍的阈值是否存在，以及阈值是否受制于人与人之间和个人内部之间的差异。第三，该规定需要对所谓的“潜意识教化人工智能系统”类别中应该包括的内容有一个正确的理解。因为该规定不仅适用于现有技术，而且旨在包容和预测未来技术的性质，这种广泛的包容和预测性加剧了对此理解的技术上的困难。这就是为什么有必要尝试预测在不久的将来可能会开发出什么样的具有潜意识教化技术的人工智能系统。

解决以上困难还需要适当考虑对欧盟整个法律体系的广泛影

---

① Richard E. Cytowic，“Synesthesia：Phenomenology And Neuropsychology：A Review of Current Knowledge”（1995）2（10）*Psyche*：*An Interdisciplinary Journal of Research on Consciousness* 1—22，1.

响，与此同时，相关法律领域的发展，如个别感官功能，形成了一个更加协调的整体。最后，根据在《通用数据保护条例》[①]背景下观察到的域外“布鲁塞尔效应”，欧盟针对人工智能的拟议法规也将产生更广泛的地域影响，这也需要在全球层面采取更严肃的监管努力。2021 年 12 月初，欧洲委员会人工智能特设委员会通过了题为《基于欧洲委员会人权、民主和法治标准的人工智能法律框架的可能要素》(简称《人工智能法律框架可能要素》) 的文件，其中概述了为欧洲委员会建立适当人工智能法律框架的计划，该框架可能将于 2024 年生效。[②]撰写本书时，此份文件并未正式出台，但与早前发布的《部长委员会关于算法过程的操纵能力的宣言》不同，此文件的筹备报告中并未提及潜意识教化技术。[③]鉴于欧洲委员会囊括了

① Regulation (EU) 2016/679 (General Data Protection Regulation), OJ L 119/1—88 (4 May 2016)[GDPR].

② Council of Europe Ad Hoc Committee on Artificial Intelligence (CAHAI), “News: The CAHAI held its 6th and final plenary meeting” (2 December 2021); https://www.coe.int/en/web/artificial-intelligence/-/outcome-of-cahai-s-6th-plenary-meeting.

③ Council of Europe CAHAI Secretariat, “Towards Regulation of AI Systems” (December 2020); https://rm.coe.int/prems-107320-gbr-2018-compli-cahai-couv-texte-a4-bat-web/1680a0c17a and Council of Europe, Recital 8 of the *Declaration by the Committee of Ministers on the manipulative capabilities of algorithmic processes* (Adopted by the Committee of Ministers on 13 February 2019 at the 1337 meeting of the Ministers' Deputies); https://search.coe.int/cm/pages/result_details.aspx?ObjectId=090000168092dd4b.

更多的成员，《人工智能法律框架可能要素》的影响范围将比拟议的欧盟《人工智能法案》更广泛。

因此，从全球层面出发，理想的情形是，在联合国教科文组织2021年11月通过的《人工智能伦理问题建议书》基础上，制定一份全面的、具有法律约束力的人工智能标准制定文书，以保护并促进人权和人类尊严。① 具体而言，联合国教科文组织《人工智能伦理问题建议书》也涉及了人工智能对思想的潜在威胁：

> 认识到人工智能（AI）从正反两个方面对社会、环境、生态系统和人类生活包括人类思想具有深刻而动态的影响，部分原因在于人工智能的使用以新的方式影响着人类的思维、互动和决策，并且波及教育、人文科学、社会科学、自然科学，文化，以及信息传播。②

结合联合国教科文组织章程，可以得出，“人工智能系统起源于

① UNESCO General Conference, *Draft Text of the Recommendation on the Ethics of Artificial Intelligence*, 41st session, Paris, 2021, 41 C/73 (22 November 2021); https://unesdoc.unesco.org/ark:/48223/pf0000378931.

② Recital 1 of the UNESCO Recommendation on AI [*Italics* added], *ibid*.

人之思想，故务需于人之思想中筑起保卫和平之屏障”。[①] 值得注意的是，联合国教科文组织的前身是国际联盟在 1921 年创建的国际智力合作委员会（ICIC）。[②]

同样，经济合作与发展组织也通过了一项关于神经技术负责任创新的建议，该建议警告说，神经技术引起了一系列独特的伦理、法律和社会问题，如下文所述：

> 这些问题包括（大脑）数据隐私问题、人体强化的前景、直接面向消费者设备的监管和营销、认知模式在商业或政治操纵中的脆弱性，以及使用和获取方面的进一步不平等。围绕神经技术的治理问题影响了从基础脑研究、认知神经科学、其他脑激发科学到商业化和营销问题的整个创新管道。[③]

---

① Recital 1 of the Preamble of the Constitution of the United Nations Educational, Scientific and Cultural Organization, signed at London on November 16, 1945, 4 U.N.T.S. 275.

② Rostam J. Neuwirth, “The UNESCO Convention and Future Technologies: “A Journey to the Center of Cultural Law and Policymaking” in Lilian Hanania-Richieri and Anne-Thida Nodorom (eds.), *Diversity of Cultural Expressions in the Digital Era* (Buenos Aires: TESEO, 2016) 85—111, 102.

③ OECD, *Recommendation of the Council on Responsible Innovation in Neurotechnology*, OECD/LEGAL/0457 (Paris: OECD, 2021) 5.

同时，该建议认识到“对大脑和思想存在不同文化理解”，这意味着“将负责任的创新付诸实践的方式可能多种多样”，而“这种多样性创造了学习的机会”。①

总而言之，尽管对人工智能必须受到监管存在广泛共识，然而到目前为止，还没有一部专门监管人工智能使用的全面立法得以通过。② 与此相对应的是，在这个星球上几乎找不到任何一个目前不考虑制定人工智能领域新战略的国家，更不用说欧盟以及美国、中国和俄罗斯在此领域所做的积极尝试。③ 然而，对于人工智能系统所使用的潜意识教化技术的作用，人类的认识和事先立法活动较少。这就是为什么本书着重于一般的思想（mind）作用，特别是潜意识教化技术对思想的影响，以便通过更仔细的观察和更广泛的关注来促进辩论。

---

① OECD，*Recommendation of the Council on Responsible Innovation in Neurotechnology*，OECD/LEGAL/0457（Paris：OECD，2021）5.

② Jascha Galaski，“AI Regulation：Present Situation and Future Possibilities”，*Liberties*（*Civil Liberties Union for Europe*）（8 September 2021）；https：//www.liberties.eu/en/stories/ai-regulation/43740.

③ Anton Saveliev and Denis Zhurenkov，“Artificial intelligence and social responsibility：the case of the artificial intelligence strategies in the United States，Russia，and China”（2021）50（3）*Kybernetes* 656—675 and Huw Roberts et al.，“The Chinese approach to artificial intelligence：an analysis of policy，ethics，and regulation”（2021）36 *AI & Society*：*Knowledge*，*Culture and Communication* 59—77.

鉴于上述情况，本书因此着手对与拟议禁止的人工智能和各种相关技术所采用的潜意识教化技术所带来的多维度法律和科学挑战进行批判性探索。在简介之后，本书第一章对欧盟提出的《人工智能法案》进行了简要概述，着重于法案的目的和背景；另外，本章分析了关于禁止使用部署潜意识教化技术人工智能系统的相关条款。为了更好地理解该法律条款的范围和相关性，本章还引入了几个已经部署或未来可能部署潜意识教化技术的人工智能系统的案例。

第二章专注于“潜意识心理学”领域，然后转而讨论心理学、市场营销和相关科学领域潜意识感知的具体问题。本章追溯了监管行动的开端，这些监管行动是由动机研究领域的新发现促成的，这体现在众所周知的放映潜意识信息来诱导电影观众购买某些零食和饮料的例子中。在概述了广告业所使用的隐秘的说服术之后，本章提到并简要讨论了欧洲禁止潜意识广告的主要法律。然而该概述并不局限于欧洲，本章还简要介绍了一些涉及潜意识信息的法律案例，如音乐中的后向掩蔽以及关于这可能导致自杀或自杀未遂的指控。

第三章试图通过将目前的一些发展投射到更广阔的未来，从而对人工智能系统所使用的潜意识教化技术的监管需求进行批判性审查。本章进行的法律分析也考虑到了试图监管潜意识教化技术对其他法律文书和法律领域的广泛影响。该分析触及了思想自由的基本权利，这是涉及思想事务的主要但并非唯一的基本权利。受符号学、语言学以及技术领域的启发，本章最后对法律和法律教育需要适应监管环境的急剧变化进行了更加理论化的评估。本章使用了“法律联觉”这一术语，对更大“感官联合”的需求与实现法律更大连贯性和一致性的目标之间进行了类比。其中“感官联合”的需求与新技术通过增强现实设备提高感官感知的尝试相匹配。

本书最后试图整合关于人工智能监管的相关性和必要性的主要结论，特别是禁止潜意识教化技术。

第一章　欧盟《人工智能法案》

2021 年 4 月 21 日，欧盟委员会公布了*《关于制定人工智能统一规则的条例建议》*草案，简称欧盟《人工智能法案》。[①] 该草案是欧盟积极规范和指导当前和未来新技术发展“宏伟蓝图”的一部分。欧盟构建“宏伟蓝图”迈出的第一步可以追溯至 2016 年《通用数据保护条例》[②] 的通过，此条例中包含的治外法权 [③] 条款使其被描述为“具有强大影响且跨越多个司法管辖区和大陆的法律”。[④] 由于基础技术的普遍互联性及其持续融合，可以对其他计划中的监管项目作

---

① European Commission, *Proposal for a Regulation Laying Down Harmonised Rules on Artificial Intelligence* (*Artificial Intelligence Act*), COM (2021) 206 final (21 April 2021) [AIA].

② Regulation (EU) 2016/679 (General Data Protection Regulation), OJ L 119/1—88 (4 May 2016)[GDPR].

③ Adele Azzi, “The Challenges Faced by the Extraterritorial Scope of the General Data Protection Regulation” (2018) 9 (2) *Journal of Intellectual Property, Information Technology and Electronic Commerce Law* 126—137.

④ Gráinne de Búrca, “Introduction to the Symposium on the GDPR and International Law” (2020) 114 *American Journal of International Law Unbound* 1—4, 1.

出预期，如拟议中的《数字市场法》①《数字服务法》②，特别是《人工智能法案》也将产生同样的全球影响。

事实证明，欧盟制定《人工智能法案》是一项值得称道的尝试，如果将这项尝试升级为在多边背景下的全球倡议将会更好，或者也可以建议将其作为一项多边背景下的补充举措。这将特别有助于缓解“时代的监管悖论”，即“我们必须处理的集体问题越来越具有全球性，而解决这些问题的手段却是国家、地方、薄弱和不完整的”。③犹言如此，不过在一个统一的全球法律秩序不存在或只存在于纯属理论层面的背景下④，欧盟的倡议肯定备受推崇，因其为就一个极端和普遍的重要问题进行一场建设性的对话提供了基础。尽管欧盟的倡议有积极的贡献，但它仍然需要在未来与其他国家（如中国、俄罗斯、美国）、其他地区（如欧洲委员会），以及全球性组织

---

① European Commission，*Proposal for a Regulation of the European Parliament and of the Council on contestable and fair markets in the digital sector*（*Digital Markets Act*），COM（2020）842 final（12 December 2020）[DMA] .

② European Commission，*Proposal for a Regulation of the European Parliament and of the Council on a Single Market For Digital Services*（*Digital Services Act*）*and amending Directive 2000/31/EC*，COM（2020）825 final（15 December 2020）[DSA] .

③ David Held，*Cosmopolitanism*：*Ideals and Realities*（Cambridge：Polity Press，2010）143.

④ Andrew Halpin and Volker Roeben（eds.），*Theorising the Global Legal Order*（Oxford：Hart，2009）6.

（如联合国教科文组织）的倡议进行更好的统一和协调。

一、背景资料

在人工智能和法律相对较长的发展历史中[①]，欧盟《人工智能法案》草案酝酿已久，在此之前已经经历了一个涉及几个筹备文件、一个公众咨询和一个影响评估的过程。2018 年 4 月，欧盟委员会提交了一份题为《欧洲人工智能》的文件，该文件的出台基于人工智能已经成为我们生活的一部分，而不仅仅是科幻小说中的场景这一事实。[②] 然而即便在当时，《欧洲人工智能》文件也意识到需要一个坚实的欧洲人工智能框架，因为“我们对待人工智能的方式将定义我们生活的世界”。[③] 虽然这份文件并未提及潜意识教化人工智能技术的危险，但它普遍承认，就像每一项技术或工具一样，“人工智能可以被用于善意的目的，也可以被用于恶意的目的”，因此，“人工智能带来了新的机会，也催生了安全和责任、安保（涉及犯罪使用或

---

① Michael Haenlein and Andreas Kaplan，“A Brief History of Artificial Intelligence：On the Past，Present，and Future of Artificial Intelligence”（2019）61（4）*California Management Review* 5—14，6—8 and Trevor Bench-Capon et al.，“A history of AI and Law in 50 papers：25 years of the international conference on AI and Law”（2012）20 *Artificial Intelligence Law* 215—319，215.

②③ European Commission，*Artificial Intelligence for Europe*，COM（2018）237 final（24 April 2018）1.

攻击）、偏见和歧视等领域的挑战和风险”。[①] 总而言之，该文件的结论是，有必要让人工智能的力量为人类进步服务。[②]

仅仅几个月后，欧盟委员会跟进了一项关于人工智能的更具体的协调计划。[③] 该计划承认，人工智能已经成为人类日常生活的一部分，并且它有可能日益强大，鉴于此，需要“一个建立在信任、数据可用性和基础设施上的运作良好的数据生态系统”，也需要“一个足够灵活的监管框架，以促进创新，同时确保高水平的保护和安全”。[④]

随后，信任元素获得了进一步前进的动力，导致欧盟委员会成立了一个人工智能高级别专家组，该专家组于 2019 年 4 月提出了《可信赖的人工智能道德准则》。这些准则指出，人工智能值得信赖的前提在于：（1）合法，尊重所有适用的法律和法规；（2）道德，尊重道德原则和价值观；（3）稳健，既从技术角度出发，也将社会环境考虑在内。[⑤] 同一天，欧盟委员会发布了另一份旨在对以人为

---

① European Commission，*Artificial Intelligence for Europe*，COM（2018）237 final（24 April 2018）14 [footnote omitted].

② *Ibid*，19.

③ European Commission，*Coordinated Plan on Artificial Intelligence*，COM（2018）795 final（7 December 2018）.

④ *Ibid*，6，8—9.

⑤ High-Level Expert Group on AI（HLEG），*Ethics Guidelines for Trustworthy Artificial Intelligence*（8 April 2019）；https：//digital-strategy.ec.europa.eu/en/library/ethics-guidelines-trustworthy-ai.

本的人工智能建立信任的文件。[①] 这份文件在《技术稳健性和安全性》标题下强调，人工智能系统需要足够可靠和安全，“能够抵御公开的攻击和更难以察觉的操纵数据或算法本身的企图”。[②] 这里提到了操纵所带来的危险，但止步于操纵数据和算法，并未涉及操纵人类思维。其他提及的重要因素还包括：“人类机构和监督”“隐私和数据治理”“透明度”“多样性、非歧视和公平”“社会和环境福祉”以及“问责制”。[③] 此后不久，人工智能高级别专家组发布了一套涵盖更广泛内容的人工智能政策建议，其中也强调需要一个适当的人工智能治理和监管框架。[④]

另一份在实际提案提出之前发布的综合文件是一份关于人工智能安全和责任影响的报告。这份报告主要涉及安全的技术层面，其认识到人工智能、物联网（IoT）和机器人可以给经济和社会带来机会，同时也很容易存在“对受法律保护的物质和非物质利益造成损害的风险”。此份报告还指出，“随着应用领域的扩大，这种损害

---

① European Commission，*Building Trust in Human-Centric Artificial Intelligence*，COM（2019）168 final（8 April 2019）.

② *Ibid*，4—5.

③ *Ibid*，4—6.

④ High-Level Expert Group on AI，*Policy and Investment Recommendations for Trustworthy AI*（29 June 2019）37；https：//digital-strategy.ec.europa.eu/en/library/policy-and-investment-recommendations-trustworthy-artificial-intelligence.

的发生率会增加”。[①] 作为对这些政策文件的补充，欧盟委员会还通过在 2020 年 2 月发布《人工智能白皮书》之前和之后、几乎横跨 2020 年全年的时间里组织公众咨询，确保了更多公众的参与。[②] 最后，拟议的欧盟《人工智能法案》草案于 2021 年 4 月 21 日公布，同时公布的还有一份影响评估和另一份来文。[③]

归根结底，拟议的欧盟《人工智能法案》首先是为了监管已经使用或在不久的将来可能使用的高风险人工智能系统。在此领域，该提案寻求与现有欧盟立法，特别是《欧盟基本权利宪章》以及二级来源，如《通用数据保护条例》和《执法指令》保持一致。[④] 就

---

① European Commission，*Report on the safety and liability implications of Artificial Intelligence*，*the Internet of Things and robotics*，COM（2020）64 final（19 February 2020）3.

② European Commission，*White Paper On Artificial Intelligence—A European approach to excellence and trust* COM（2020）65 final（19 February 2020）.

③ European Commission，*Fostering a European approach to Artificial Intelligence*，COM（2021）205 final（21 April 2021）and European Commission，*Impact Assessment Accompanying the Proposal for a Regulation of the European Parliament and of the Council Laying Down Harmonised Rules on Artificial Intelligence*（*artificial Intelligence Act*）*and Amending Certain Union Legislative* Acts，SWD（2021）84 final（21 April 2021）[AI Impact Assessment] .

④ GDPR（Regulation（EU）2016/679），*supra* note 2；Directive（EU）2016/680（Law Enforcement Directive），OJ L 119/89—131（4 May 2016）. For a complete list of legislation seeking to harmonize EU legislation based on the proposed AIA，see Annex II（“List of Union Harmonisation Legislation”）of the AIA，*supra* note 1.

其目的而言，欧盟《人工智能法案》确定了以下具体目标：

——确保投放到欧盟市场和使用的人工智能系统是安全的，并尊重基于欧盟价值观和基本权利的法律；

——确保法律的确定性，以促进人工智能的投资和创新；

——加强对适用于人工智能系统基本权利和安全要求的现有法律的管理和有效执行；

——促进合法、安全和可信的人工智能应用单一市场的发展，防止市场分裂。①

该提案共分为十章，首先提供了相关概念的有用定义清单，并澄清了新规则的主题和范围。值得注意的是，欧盟《人工智能法案》卓有成效地明确定义了“人工智能系统”（AI 系统）这一概念，此概念先前被认为是一个本质争议概念 *，缺乏明确的法律理解。② 人工智能这个术语本身也曾在不同场合被描述为一种矛盾修辞法，即一

① Explanatory Memorandum of the AIA，*supra* note 1，3.

* 译者注：本质争议概念由 Water B. Gallie 在 1956 年提出，意为使用这些概念不可避免地涉及用户对这些概念是否正确使用的无休止争论。

② Aviv H. Gaon，*The Future of Copyright in the Age of Artificial Intelligence*（Cheltenham：Edward Elgar，2021）51.

个措辞相互矛盾的词语。① 为了"确保法律的确定性，同时提供灵活性以适应未来的技术发展"，欧盟《人工智能法案》将"人工智能系统"一词定义如下：

（1）"人工智能系统"（AI 系统）是指用附件一中列出的一种或多种技术和方法开发的软件，并能针对一组特定的人类定义的目标，产生诸如内容、预测、建议或影响其互动环境的决定的输出。②

就此，附件一列出了欧盟《人工智能法案》第 1 条中提及的以下人工智能技术和方法：

a. 机器学习方法，包括有监督、无监督和强化学习，使用包括深度学习在内的各种方法；

b. 基于逻辑和知识的方法，包括知识表示、归纳（逻辑）

---

① Ronald Chrisley "General Introduction：The Concept of Artificial Intelligence" in Ronald Chrisley and Sander Begeer（eds.）*Artificial Intelligence*：*Critical Concepts*，vol. 1（New York：Routledge，2000）1—4，3，Jennifer Gidley *The Future*：*A Very Short Introduction*（Oxford：Oxford University Press，2017）99 and Jakob Svensson，"Artificial intelligence is an oxymoron：The importance of an organic body when facing unknown situations as they unfold in the present moment"（2021）*AI & Society* 1—10，8；https：//doi.org/10.1007/s00146-021-01311-z.

② Recital 6 and Art. 3（1）AIA，*supra* note 1.

编程、知识库、推理和演绎引擎、（符号）推理和专家系统；

c. 统计学方法、贝叶斯估计、搜索和优化方法。①

必须强调的是，这个囊括不同技术的清单并非完全静态，一个动态的监管工具已被纳入该拟议法案，“以便根据市场和技术的发展，在与技术和方法相似的基础上更新该清单”。② 这标志着技术快速创新时代的一个重要特征，即法律很难“随着时间的推移保持其完整性，同时设法解决在我们历史上不断出现的新情况”。③

在接下来的第二章中，欧盟《人工智能法案》列出了一个清单，以阐明哪些人工智能用途被禁止。按照基于风险的方法，该法区分了造成（1）不可接受的风险、（2）高风险和（3）低或最小风险的人工智能用途。从广义出发，该清单包括所有因违反欧盟价值观而被认为不可接受的人工智能系统用途。具体提及的有：一是那些“有很大可能通过潜意识教化技术在人的意识之外对其进行操纵的做法”；④ 二是“利用特定的弱势群体，如儿童或残疾人的脆弱性，以

① European Commission，*Annexes to the Proposal for a Regulation of the European Parliament and of the Council Laying Down Harmonised Rules on Artificial Intelligence*（*Artificial Intelligence Act*），COM（2021）206 final（21 April 2021）.

② Art. 4 AIA，*supra* note 1.

③ Mark L. Johnson，“Mind，Metaphor，Law”（2007）58（3）*Mercer Law Review* 845—860，845.

④ Explanatory Memorandum of the AIA，*supra* note 1，12.

实质性地扭曲他们的行为，可能造成他们或其他人心理或身体伤害”的做法。①

第三章涉及对自然人的健康和安全或基本权利造成高风险的人工智能系统。对于这些系统，欧盟《人工智能法案》预见了许多措施，其中包括设置某些强制性要求、建立一个风险管理系统，以及在这些高风险人工智能系统投放市场或投入使用之前，对其进行事前合格程序评估。②

第四章引入了一些透明度义务，这些义务将特别适用于那些“（1）与人类互动；（2）用于检测情绪或根据生物识别数据确定与（社会）类别的关联；或（3）生成或操纵内容（深度造假）的系统”。③

第五章包含了一些支持创新的措施，以“创建一个有利于创新、面向未来并能抵御破坏的法律框架”。④这些措施包括所谓的“监管沙盒”，用于“通过在开发和上市前阶段建立一个受控的实验和测试环境以促进人工智能创新”。⑤

---

① Explanatory Memorandum of the AIA，*supra* note 1，12.

② Articles 8，9 and 19 AIA，*supra* note 1.

③ Explanatory Memorandum and Article 52 AIA，*supra* note 1，14.

④ Explanatory Memorandum of the AIA，*supra* note 1，15.

⑤ Recital 72 and Art. 53 AIA，*supra* note 1.

接下来的第六章、第七章和第八章涉及欧盟及其成员国之间的治理和实施规则。

第九章，即倒数第二章，鼓励建立行为守则，目标在于鼓励非高风险人工智能系统的提供者通过建立一个合适的框架来自愿适用高风险人工智能系统的强制性要求[①]，具体守则可以由人工智能系统的个别提供者、代表他们的组织或以上两者共同起草，还应该将用户和任何感兴趣的利益相关者及其代表组织囊括在内。

其余的第十、十一和十二章包含最后的条款，完善了拟议的欧盟人工智能新监管框架。条款涉及当局对在执行任务和活动中获得的信息和数据的保密要求，以及对违反规定的处罚。[②]这些处罚只涉及金钱上的罚款，以一次性付款或公司上一财政年度全球总营业额的百分比计算，处罚同时应该是有效、相称和劝阻性的。这些条款还设立了一个委员会程序（第十一章），并包含了一份有待修正的立法法案清单（第十二章）。

由于本书的核心关注点是那些有很大可能通过潜意识教化技术操纵人类的人工智能，因此有必要仔细研究一下相关条款。

---

① Art. 69 AIA，*supra* note 1.

② Art. 70 and 71 AIA，*supra* note 1.

二、禁止人工智能系统部署潜意识教化技术

欧盟《人工智能法案》建议禁止有可能通过部署潜意识教化技术操纵人的人工智能系统。这一禁止标志着拟议法规的一个基本要素，也可能是最基本的要素，无论正在进行的立法过程如何修正①，本质上都必须保持，并且也应纳入其他司法管辖区。一个原因是，人工智能领域的快速发展，特别是其操纵人的能力日益增强，给社会和民主造成了严重威胁。②在此领域值得注意的是，一些实验已经证实了潜意识信息对政治行为的影响，如下文所述：

> 三项研究结果共同表明，一国国旗的潜意识促发效应不仅能在实验环境中给公民表达的政治观点带来重大变化，而且可以使得公民“现实生活”中的公开政治行为，也许是最重要的政治行为——投票，在时间上和背景上与实验时相距甚远。③

① Council of the European Union，*Presidency Compromise Text*（*AIA*），14278/21（29 November 2021）.

② Andreas Kaplan，“Artificial Intelligence，Social Media，and Fake News：Is this the End of Democracy？” in Ayşen Akkor Gül，Yıldız Dilek Ertürk and Paul Elme（eds.），*Digital Transformation in Media & Society*（Istanbul：Istanbul University Press，2020）149—161，150 and Susan Morgan，“Fake news，disinformation，manipulation and online tactics to undermine democracy”（2018）3（1）*Journal of Cyber Policy* 39—43.

③ Ran R. Hassin et al.，“Subliminal Exposure to National Flags Affects Political Thought and Behavior”（2007）104（50）*Proceedings of the National Academy of Sciences*（*PNAS*）19757—19761，19760.

同样，一些研究证明了个人在潜意识中接触到的敌意语言和其他信息会导致其明显的攻击性行为这一结论，从而证实了语言的力量。① 人工智能以及相关数字操纵手段对民主构成的当前和未来威胁，已经在选举的背景下被确认。② 即使仅就搜索引擎而言，研究也发现，互联网查询的排名对消费者行为和企业有相当大的影响。③ 搜索引擎操纵互联网搜索结果权力的效果同样被证实对选民行为和选举有影响。④ 搜索引擎本身甚至不使用潜意识教化技术，除非一个隐藏的算法可以被定性为潜意识。出于这个原因，禁止潜意识教化技术非常重要，可能会使人工智能的威胁与它对民主的有利影响

---

① Robert Cialdini，*Pre-Suasion：A Revolutionary Way to Influence and Persuade*（New York：Simon & Schuster，2016）357，Alexander Todorov and John A. Bargh，"Automatic sources of aggression"（2002）7 *Aggression and Violent Behavior* 53—68，56 and Baptiste Subra et al.，"Automatic Effects of Alcohol and Aggressive Cues on Aggressive Thoughts and Behaviors"（2010）36（8）*Personality and Social Psychology Bulletin* 1052—1057，1055.

② G. Pascal Zachary，"Digital Manipulation and the Future of Electoral Democracy in the U.S."（2020）1（2）*IEEE Transactions on Technology and Society* 104—112 and Terrell McSweeny，"Psychographics，Predictive Analytics，Artificial Intelligence，& Bots：is the FTC Keeping Pace？"（2018）2 *Georgetown Law Technology Review* 514—530.

③ Bing Pan et al.，"In Google we trust：User's decisions on rank，position，and relevance"（2007）12（3）*Journal of Computer-Mediated Communication* 801—823，801.

④ Robert Epstein and Ronald E. Robertson，"The search engine manipulation effect（SEME）and its possible impact on the outcomes of elections"（2015）112（33）*Proceedings of the National Academy of Sciences*（*PNAS*）E4512-E4521，E4512.

分开。[①]

虽然该法定义了人工智能的概念，但也只是提到了“潜意识教化技术”，并未进一步解释这个概念及其相关术语，如“对一个人的行为进行实质性扭曲”的含义。大多数筹备文件都提到了人工智能的各种风险，包括会对思想和行为产生影响的风险。例如，一项支持欧盟《人工智能法案》影响评估的研究强调了以人为本的人工智能的重要性，理由如下：

> 欧洲委员会以及其他一些机构和私人组织已经指出，需要采取以人为本的方法来处理人工智能。在执行任务时，人工智能可以被用于对人类机构施加重大影响，*包括通过“黑暗模式”和与潜意识过程的互动来触发认知操纵*；使终端用户产生成瘾性；对个人的特定购买决定（如推荐系统）或政治观点（剑桥分析公司）进行过度诱导。[②]

---

① Christian Djeffal, “AI, Democracy and the Law” in Andreas Sudmann (ed.), *The Democratization of Artificial Intelligence: Net Politics in the Era of Learning Algorithms* (Bielefeld: Transcript Verlag, 2019) 255—283, 279.

② European Commission, *Study to Support an Impact Assessment of Regulatory Requirements for Artificial Intelligence in Europe: Final Report* (Luxembourg: Publications Office of the European Union, 2021) 31 [*Italics* added].

在此种语境下提到“黑暗模式”很有意思，因为这是另一个范围更广泛但可能与使用潜意识教化技术操纵人类思想的行为互为同义的术语。黑暗模式的其中一个例子是通过“嵌入潜意识刺激操纵用户界面，以影响和鼓励用户购买更多产品（不道德的营销）”。①人们注意到，在世界范围内，黑暗模式被越来越多地用于各种产品中，可以被简单地定义为“故意制作欺骗性元素，诱导用户做一些他们原来不会做的行为”。②这些黑暗模式的做法已被发现不仅具有反竞争效果，而且还带来了更严重的风险，如下文所述：

> 有了注意力和数据，平台可以通过“黑暗模式”利用其用户的认知弱点。“黑暗模式”是微妙的设计选择，旨在引导个人走向平台所寻求的行为，也包括了其他形式的数字操纵。数字操纵的有效性在于它使一个人行使如分享照片、信息、地理位置和联系人的行为看起来像是一种自由意志。这威胁到了隐私

---

① Luluah Albarrak, Oussama Metatla, and Anne Roudaut, “Exploring the influence of subliminal stimulus type and peripheral angle on the priming effect”(2021) 151 *International Journal of Human—Computer Studies* 1—17, 1.

② Corina Cara, “Dark Patterns in the Media: A Systematic Review”(2019) 7 (14) *Network Intelligence Studies* 105—113, 105.

中一个未被充分探索的领域，即“*决策性隐私*”，*意为一个人在不受胁迫的情况下作出选择的能力*。①

在所谓的“隐私悖论”中可以发现，这种对决策性隐私和个人隐私的威胁可能由黑暗模式或类似的设计技巧造成。这个悖论暴露了“我们声明的隐私偏好和我们实际的披露行为之间不一致”的明显现象。②

然而，第一次对“潜意识教化技术”一词的明确使用似乎是在欧盟《人工智能法案》提案以及所谓的“影响评估”中，这两份文件皆于2021年4月21日公布。影响评估认识到人工智能可能被滥用于操纵，并对用户产生有害影响，其更具体地指出：

有证据表明，人工智能支持的产品或服务，如玩具、个人助理等，可以被*有意设计或使用*，*以吸引个人的潜意识感知*，*从而使他们作出超出其认知能力的决定*。即使所使用的技术并未涉及潜意识，对于某些类别的弱势对象，特别是儿童，如果

---

① Gregory Day and Abbey Stemler, “Are Dark Patterns Anticompetitive?” (2020) 72 (1) *Alabama Law Review* 1—46, 2 and 45 [*Italics* added].

② Ari Ezra Waldman, “Cognitive biases, dark patterns, and the ‘privacy paradox’” (2020) 31 *Current Opinion in Psychology* 105—109, 105.

其精神衰弱、年龄或容易轻信他人的特点被以有害的方式利用，也可能产生同样的不良操纵效果。①

值得注意的是，白宫科技政策办公室发布的一份日期为2016年的文件对个人潜意识感知有所提及，该文件在以下段落中提及了一次潜意识控制：

> 此外，5年后，虚拟现实技术将进入全美数百万家庭。随着在线通信变得愈发敏感，如上所述的自主程序可能会通过在线视频、简易信息聚合、社交媒体或游戏进行*潜意识控制*。这可能会造成公民的极端反应，导致他们对虚拟威胁发起攻击或将其武器化，而这些虚拟威胁是对项目发起的战术性倡议。②

此外，“影响评估”强调了对“某些具有操纵性和剥削性人工智能系统”进行更多保护的必要性，并为此专门提到“算法在潜意识地影响人类选择和人类机构作出重要决定方面的力量日益增

---

① AI Impact Assessment，*supra* note 23，17［footnotes omitted；*Italics* added］.

② U.S. White House Office of Science and Technology Policy，*Request for Information on the Future of Artificial Intelligence*（1 September 2016）31［*Italics* added］；https：//obamawhitehouse.archives.gov/sites/default/files/microsites/ostp/OSTP-AI-RFI-Responses.pdf.

大，干扰了个人自主性原则”，从而证明了禁止潜意识教化技术的合理性。[①]

总之，目前尚未清楚“潜意识教化技术”这一具体术语是如何被添加到欧盟《人工智能法案》文本中的，但可以明确的是，这一术语是基于技术、心理和法律的综合考虑而产生。有鉴于此，“潜意识教化技术”一词在禁令生效后的执行中很关键。因此，解释其含义至关重要，首先需要仔细研究欧盟《人工智能法案》中的相关段落。

“潜意识”第一次被明确提及是在欧盟《人工智能法案》序言中，该序言以如下方式解释了禁止的根本原因：“应禁止将某些旨在扭曲人类行为，从而有可能导致人类身体或心理伤害的人工智能系统投放市场、投入服务或使用。”[②]序言继续解释了个中缘由，即这种人工智能系统部署了个人无法感知的潜意识成分。正是由于该事物无法被感知的事实，使得它更容易操纵一个人的行为。同样，序言指出，操纵人的行为必须“意图实质性地扭曲一个人的行为，并以造成或可能造成该人或其他人伤害的方式”进行。[③]

这些理由随后被转化为实质性的规则，以下文字表述了禁止的内容：

---

① AI Impact Assessment，*supra* note 23，47.

②③ Recital 16 AIA，*supra* note 1.

第 5 条　欧盟《人工智能法案》

1. 应禁止以下人工智能行为：

（a）将在人的意识之外部署潜意识教化技术，以实质性地扭曲一个人的行为，造成或可能造成该人或其他人身体或心理伤害的人工智能系统投放市场、投入服务或使用；……①

……

该禁令的关键因素是，它涉及一个“在人的意识之外部署潜意识教化技术”的人工智能系统。在这句话中，“潜意识”“技术”和“意识”是解释上述条款的关键，但与人工智能一词不同的是，以上提及词语的含义都没有在提案文本中得到进一步澄清。

首先是“潜意识”，这个词的英文，即 subliminal，来源于拉丁文“*sub*”和“*limen*，*-inis*”，在词源学上意为“低于意识的阈值”。② 因此，潜意识指的是分离意识和潜意识感知的感官阈值，因此也需要明确对意识这个词的理解。感官阈值被定义为“支持作出特定决

① Art. 5（1）lit.a）AIA，*supra* note 1［*Italics* added］.

② Ernest Klein，*A Comprehensive Etymological Dictionary of the English Language*（Amsterdam：Elsevier，1966）726.

定的某种概率的刺激水平”。[①] 第一，这对下文讨论思想和意识自由权至关重要，因其提出了意识和思想的关系问题作为评估禁止干涉一个人的意识是否得到思想自由权的背书。虽然这两个词在不同的科学学科中皆被使用，且被混淆，但可以断言的是，“思想和意识都是支配我们经验和决策过程的信息系统的一部分”。[②] 第二，这个问题也与人工智能领域有关，人工智能的目的在于通过赋予机器人意识和思想等方式，人为地再现人类智慧。正是在此种情形下，人们对意识和思想这两个词作出了如下有用的解释：

> 意识（consciousness）和思想（conscience）在不同方面有关联。它们拥有相同的拉丁词根，由 *con*（意为“与”）和 *scientia*（意为“知识”）衍生而来。在人类进化的过程中，意识是思想的先决条件。人类先是发展出一种意识，意识到他们的存在和他们的行为，以及他们为什么要这样做。然后人类发展出一种思想，告诉他们自己的行为是对还是错。[③]

---

① A.J. Parker，“Sense and the Single Neuron：Probing the Physiology of Perception”（1998）21 *Annual Review of Neuroscience* 227—277，230.

② G. Vithoulkas and D.F. Muresanu，“Conscience and Consciousness：A Definition”（2014）7（1）*Journal of Medicine and Life* 104—108，104.

③ Gunter Meissner，“Artificial intelligence：consciousness and conscience”（2020）35 *AI & Society* 225—235，232［*Italics* added］.

这句话显然有助于建立起两者之间关系的一种逻辑顺序，以及这两个概念对人类生存和决策的综合相关性。但是似乎思想为了执行其任务，就必须以意识的存在为前提的。这源于以下解释：

> “意识”是人类的思维功能，它接收和处理信息，将信息结晶化，然后借助于以下方式储存或拒绝信息：
>
> 1. 五种感官
> 2. 思想的推理能力
> 3. 想象力和情感
> 4. 记忆
>
> 五种感官使头脑能够接收信息，然后想象力和情感对信息进行处理，推理对信息进行判断，而记忆则对信息进行储存或拒绝。①

以上是对支撑意识认知过程复杂性的有益解释，尽管认知步骤的顺序和感官分类法，特别是将感官限制为五种存在问题，这一点

① Vithoulkas and Muresanu，*supra* note 61，104.

在后文对联觉的讨论中会变得尤为明显，联觉是“一种感官的刺激在另一种感官中同时产生感觉”的心理状态。[①]

这一描述很好地概括了意识的定义，即“个人的、主观的经验现象”，它“具有感觉、记忆或想象的性质，并与环境和生理状态相互作用，从而产生状态或主观体验方面的变化”。[②]按照人类传统的二元思维方式[③]，剩下的问题可以被视为第一个问题的反义词，即主观经验的“潜意识”或“无意识”状态。鉴于潜意识被定义为“在意识之下或意识之外，如思想或其他心理过程在思想者不知情的情况下发生”，潜意识似乎必须优先于“无意识”，后者更普遍地指“个人在某一特定时刻没有意识到思想的任何过程或内容”。[④]

就此，需要补充更多关于“潜意识”一词所附含义的信息，至

---

① Gary R. VandenBos（ed.），*APA Dictionary of Psychology*，2nd ed.（Washington：American Psychological Association，2015）1060.

② David Matsumoto（ed.），*The Cambridge Dictionary of Psychology*（Cambridge：Cambridge University Press，2009）128.

③ Hillary S. Webb，“Dualism” in David A. Leeming（ed.），*Encyclopedia of Psychology and Religion*，3rd ed.（Dordrecht：Springer，2020）702—705，702 and Gabriel Segal，“Poverty of Stimulus Arguments Concerning Language and Folk Psychology” in Peter Carruthers，Stephen Laurence，and Stephen Stich（eds.），*The Innate Mind*：*Foundations and the Future*，vol. 3（Oxford：Oxford University Press，2008）90—105，101.

④ Matsumoto，*supra* note 6565，128，525 and 559.

关重要的是，研究需要继续。① 如果不这样做的话，可能会引起混乱，这种混乱以关于潜意识教化技术效率的争论为特点，正如下段所述：

> 因此，潜意识刺激，因其在人类的感知能力之外，可以不对人类产生影响。当人们使用潜意识广告效应这一术语时，其真正含义是“广告的无意识影响”。此种无意识影响具有强大的效果。事实上，广告商依赖它；这就是为什么广告商花费数亿美元投放广告，将其广告嵌入到高度杂乱的环境，如电视和广播、报纸和杂志的页面以及网站中。②

这就解释了我们为什么需要质疑潜意识和超意识的对立是否准确，特别是当它与潜意识和意识的感知结合起来时。原因在于，是否存在一个“超越我们意识”阈值的问题并未得到妥善解决。这在欧盟《人工智能法案》的背景下至关重要，《人工智能法案》有些

---

① Ap Dijksterhuis，Henk Aarts，and Pamela K. Smith，“The Power of the Subliminal：On Subliminal Persuasion and Other Potential Applications in Ran R. Hassin，James S. Uleman，and John A. Bargh（eds.），*The New Unconscious*（Oxford：Oxford University Press，2005）77—106，99.

② W. James Potter，*Media Literacy*，8th ed.（Los Angeles：SAGE，2016）756—757.

误导性地谈到了“*超越*（beyond）人意识的潜意识教化技术”。鉴于“*para*”的意思是“超越”，超越我们意识的感知应该被称为“超意识感知”，用于表示超出我们感官能力的信息的阈值，或者在我们的感官能力之内但超出思想认知能力的信息。这就提出了一个问题：在语言上是否有必要将感官能力与大脑能力区分开来。换言之，我们依据的是思想之眼还是人类之眼？① 在任何情况下，似乎一个更综合的方法更适合于监管的目的。以下观察进一步佐证了以上观点：

> 人们相信，紫外线或光谱上其他刚好低于或高于人类视力范围色调的图像可以影响某人。一个人的眼睛没有看到光，并不意味着他们不能在大脑的某个层面上理解光。大脑有能力感知远远超出我们有意识头脑所能感知范围的事物。②

更广泛的基于大脑的方法似乎也更符合“潜意识”的一般定义，

---

① Jonathan Miller，“The Mind's Eye and the Human Eye”（1985）114（4）*Daedalus* 185—199.

② Michael Pace，*Subliminal Psychology 101*：*How to Stealthily Penetrate*，*Influence*，*and Subdue Anyone's Mind without Them Suspecting a Thing*（Scotts Valley，CA：Create Space Publishing，2018）10—11.

即“*低于有意识感知的极限或阈值的刺激*”。① 尽管如此，由于潜意识的重点在于“下面”（拉丁文“*sub*”）而非“超越”，因此严格而言，该条例规定“潜意识教化技术‘*低于*’而非‘*超越*’一个人的意识才是正确的”。当然，这取决于是否也存在一个超出人意识的阈值，然后应该被称为“超意识感知”（paraliminal perception），因为“*para*”意指“超越”。区别在于，在第一种潜意识的情形下，信息被接收，但并未被注意；而在第二种超意识感知的情形下，信息似乎不可能或无法达到。“超越”一词反而适合于超自然或超感官的感知模式，体现在被描述为预知、追溯性、直觉或濒死体验等的现象中。② 可以说，鉴于存在几个不一致但又独立可信的理论，意识因而在许多方面仍然是自相矛盾的。③

另一个更合适的术语可能是“平移感知”，指的是刺激跨越（*trans*）阈值（*limines*）“进入或离开意识”，既低于也高于我们的普

① David A. Statt (ed.), *The Concise Dictionary of Psychology*, 3rd ed. (London: Routledge, 2003) 129 [*Italics* added].

② James Houran, Rense Lange and Dan Hooper, "Cross-Examining the Case for Precognition: Comment on Mossbridge and Radin (2018)" (2018) 5 (1) *Psychology of Consciousness: Theory, Research, and Practice* 98—109, 102 and Bruce Greyson, "Comments on 'Does Paranormal Perception Occur in Near-Death Experiences?'" (2007) 25 (4) *Journal of Near-Death Studies* 237—244.

③ Rocco J. Gennaro, *The Consciousness Paradox: Consciousness, Concepts, and Higher-Order Thoughts* (Cambridge, MA: The MIT Press, 2012) 2.

通意识水平。[1]这也反映了这样一个现实：潜意识和超意识认知都会影响包括道德决策在内的我们的行为。[2]在术语中使用跨意识的方法也符合与被称为"联觉"的情况相结合的特殊经验，联觉描述了各个感官之间不同形式的同时互动。[3]经济领域，特别是多感官营销实践，已经把所有感官的更多参与作为目标。它也可能在未来的感官演变中扮演更重要的角色。

就目前的情况而言，主要的挑战在于如何找到最好的术语来描述具有操纵性且有害的做法。对于潜意识感知问题，有人认为，对这个术语进行统一的概念化没有任何障碍，但"持续争议的一个主要来源围绕着竞争性术语的扩散和缺乏对这些术语确切含义的澄清，这导致了文献中相互竞争的主张和明显的矛盾"。[4]对于"潜意识教化技术"

---

① Michael A. Thalbourne and James Houran, "Transliminality, the Mental Experience Inventory, and tolerance of ambiguity" (2000) 28 *Personality and Individual Differences* 853—863, 853.

② David T. Welsh and Lisa D. Ordóñez, "Conscience without Cognition: The Effects of Subconscious Priming on Ethical Behavior" (2014) 57 (3) *The Academy of Management Journal* 723—742, 723.

③ Michael A. Thalbourne et al., "Transliminality, brain function, and synesthesia" (2001) 189 (3) *Journal of Nervous and Mental Disease* 190—192 and Christine Simmonds-Moore, "Synesthesia and the Perception of Unseen Realities" (2020) 62 (2) *Journal of Humanistic Psychology* 187—207, 187.

④ Simon Boag, "Making sense of subliminal perception" in Alexandra M. Columbus (ed.), *Advances in Psychology Research*, vol. 54 (New York: Nova Science, 2008) 117—139, 133.

一词及其与“黑暗模式”或“隐藏的说服者”的同义关系，也可以进行类似观察。对于禁止人工智能系统使用这种做法的建议，基本点在于人无法意识到所接受的刺激，无论是在他们的意识之下还是之上。不幸的是，科学上并不清楚什么是潜意识、什么是超意识的刺激。关键问题在于界定什么确切地构成了特定的阈值，换言之，被意识到和不被意识到之间的界限应该划在哪里，甚至是否有可能或有必要划出这样一条界限。这就是为什么本书认为必须继续寻找术语的最优选择，以符合正在进行的以及未来的科学研究方向。其中的一个相关问题由心理物理学解决，心理物理学是研究感性认识的阈值等的学科分支。这些具体的阈值首先对每一种感官而言都至关重要，其次，对所有感官的集体互动而言也很重要。这个特别的领域将在第二章中结合各个感官和它们在联觉中的相互作用作进一步探讨。

一旦确定了存在潜意识教化的行为，下一步的研究重点是“*实质性地扭曲一个人的行为*”的要求。这一要求取决于“潜意识教化技术”能在多大程度上被科学地证明对人类行为有某种可衡量的影响。就此，“潜意识”一词被定义为“属于或涉及个人有反应但个人没有意识到的刺激”。[①] 通过包括对反应的提及，这个定义似乎隐含

① Matsumoto，*supra* note 65，527.

地支持了潜意识信息有影响的假设，这个问题将在第三章中予以更详细的讨论。因此，一旦确定了存在潜意识教化行为，就有必要研究它是否能实质性地扭曲一个人的行为。尽管副词“实质上”包含双重含义，它既可以指“实质上”或“显著”，也可以指某种材料（“制造某物的物质”），就目前情况而言，欧盟《人工智能法案》文本可能指代的是前一种含义。① 这是因为《人工智能法案》中此条的下一个判断标准是造成身体或心理伤害的能力，这不仅包括身体上的，也包括其他非物质形式的伤害。因而，应以整体和非二元的方式解释伤害，这让人联想到世界卫生组织对“健康”的全面定义，即“一种完全的身体、精神和社会福祉的状态，而不仅仅是没有疾病或虚弱”。②

这一论断可以从侵权法与神经科学和新技术——功能性磁共振成像的结合中得到进一步证实。③ 功能性磁共振成像一词意为“一

① Della Thompson（ed.），*The Oxford Dictionary of Current English*（Oxford：Oxford University Press，1993）547.

② Recital 1 of the Constitution of the World Health Organization，signed on 22 July 1946，14 U.N.T.S. 186.

③ Betsy J. Grey，“Neuroscience，Emotional Harm，and Emotional Distress Tort Claims”（2007）7（9）*The American Journal of Bioethics* 65—67 and Lily Tsoi et al.，“Neural substrates for moral judgments of psychological versus physical harm”（2018）*Social Cognitive and Affective Neuroscience* 460—470.

种研究人脑功能解剖学的非侵入性方法”。[①] 由于可以应用于广泛的领域，并且已经被应用于“从语言理解或短期记忆到人格特征、政治行为或审美判断的高度多样化领域”，功能性磁共振成像在其研究的可能影响和应用方面提出了关键的伦理问题。[②] 就此，已经有人指出，“需要更明确地确定情感在法律框架中的地位，以便在消费者情感受到威胁时为其提供一个强有力的保护系统”。[③] 这也必须包括潜意识对情绪的影响，因为即使在 1992 年，也有两项研究证实，潜意识刺激能够影响人们的情绪及对他人的态度。[④] 不幸的是，就我们的情绪健康而言，另一项研究似乎证实，即使是潜意识的“负面刺激也能优先获得感知处理”。[⑤] 这可能有助于解释为何在新闻报道、娱乐、广告和社交媒体中会使用负面的煽情和暴力信息。[⑥] 更广泛

① UNESCO International Bioethics Committee（IBC），*Preliminary Draft Report of the IBC on Ethical Issues of Neurotechnology*，SHS/BIO/IBC-Ext/2021/3（15 December 2020）6.

② Alex Garnett et al.，“Neuroethics and fMRI：Mapping a Fledgling Relationship”（2011）6（4）*PLoS ONE* 1—7，1；doi：10.1371/journal.pone.0018537.

③ Mateja Durovic and Jonathon Watson，“Nothing to Be Happy about：Consumer Emotions and AI”（2021）4（4）*J* 784—793，792.

④ Jon A. Krosnick at al.，“Subliminal Conditioning of Attitudes”（1992）18（2）Personality and Social Psychology 152—162，159［In-text citations omitted］.

⑤ Maha Nasrallah，David Carmel，and Nilli Lavie，“Murder，She Wrote：Enhanced Sensitivity to Negative Word Valence”（2009）9（5）*Emotion* 609—618，617.

⑥ Marc Trussler and Stuart Soroka，“Consumer Demand for Cynical and Negative News Frames”（2014）19（3）*The International Journal of Press/Politics* 360—379，Richard（转下页）

而言，在计划禁止的同时，还应该对潜意识教化技术是否不仅能够“迷惑大众心智”，而且还影响了公众舆论，以及对世界各国社会的现实情况进行更广泛的辩论。①

对于此，欧盟《人工智能法案》被认为提供的“保护不足”，有人建议扩大伤害的范围，从单纯的身体和心理伤害扩展到其他重要的和潜在的更严重伤害，如“金融和经济伤害，文化伤害，承认和自主伤害，集体和社会伤害”。② 就此而言，也应将“累积性伤害”，即“一个产品，随着消费单位的增加，而产生累积性伤害”纳入考

（接上页）Godfrey，“The politics of consuming war：video games，the military-entertainment complex and the spectacle of violence（2021）*Journal of Marketing Management* 1—22；doi：10.1080/0267257X.2021.1995025，and Mochen Yang，Yuqing Ren，and Gediminas Adomavicius，“Understanding User-Generated Content and Customer Engagement on Facebook Business Pages”（2019）30（3）*Information Systems Research* 839—855，840.

① Loren Coleman，*The Copycat Effect*：*How the Media and Popular Culture Trigger the Mayhem in Tomorrow's Headlines*（New York：Paraview Pocket Books，2014）and Billy Crone，*Subliminal Seduction*：*How the Mass Media Mesmerize the Minds of the Masses*（Pahrump，NV：Get A Life Ministries Inc.，2021）.

② Nathalie Smuha et al.，“How the EU Can Achieve Legally Trustworthy AI：A Response to the European Commission's Proposal for an Artificial Intelligence Act.”（2021），21；https：//papers.ssrn.com/sol3/papers.cfm?abstract_id=3899991［footnote omitted］，Martin Ebers et al.，“The European Commission's Proposal for an Artificial Intelligence Act—A Critical Assessment by Members of the Robotics and AI Law Society（RAILS）” 2021 4 *J* 589—603，592；https：//doi.org/10.3390/j4040043［footnote omitted］and Risto Uuk，“Manipulation and the AI Act”，The Future of Life Institute（18 January 2022）；https：//futureoflife.org/wp-content/uploads/2022/01/FLI-Manipulation_AI_Act.pdf?x49432.

量范围。[1]正如已经指出的那样，这对于本条所涵盖的某些产品和做法尤为重要：

> 在现实生活中，伤害可以累积，而不需要一个单一事件触发严重性门槛，使其难以证明。这些“累积”伤害随着时间的推移被其对个人环境的影响所加强，在这方面，超个人化、参与和“停留”指标以及对儿童的影响经常被用做案例。[2]

英国广告标准局作出的一项决定体现了证明累积性潜意识造成伤害的实际问题。在该案中，三名投诉人质疑一则广告中暗示电磁辐射和相关产品对健康造成的风险，如对免疫系统的损害以及会造成电敏感、皮肤病、癌症风险、头痛、记忆力减退等，是否具有误导性以及能否得到证实。[3]在决定中，当局作出了有利于索赔者的裁决，并认为该广告构成了误导性广告，因为关于大部分普通民众

---

① Anthony M. Marino，“Monopoly，Liability and Regulation”（1988）54 *Southern Economic Journal* 913—927，913.

② Michael Veale and Frederik Zuiderveen Borgesius，“Demystifying the Draft EU Artificial Intelligence Act”（2021）22（4）*Computer Law Review International* 97—112，102［footnotes omitted］.

③ ASA Ruling on Electrosensitivity-UK（Complaint Ref：A17-388045）（4 April 2018）；https：//www.asa.org.uk/rulings/electrosensitivity-uk-a17-388045.html.

在潜意识中对电敏感以及电磁暴露的生物效应具有累积性的说法并未得到有力科学证据的支持。[①] 这件事体现了科学和法律的综合问题，即如何确定伤害的因果关系，这些伤害可能会随着时间的推移而累积，并且在正常的意识水平下可能会经历这些伤害。[②] 这个问题在试图建立心理健康问题或自杀念头与使用媒体 [③]、社交媒体 [④] 或互联网 [⑤] 之间因果关系的科学研究中是众所周知的。

同样的道理，作为寻求未来社会适当模式的关键点 [⑥]，另一个评

---

① ASA Ruling on Electrosensitivity-UK（Complaint Ref：A17-388045）(4 April 2018)；https：//www.asa.org.uk/rulings/electrosensitivity-uk-a17-388045.html.

② European Commission，*Evaluation of Council Directive 85/374/EEC on the approximation of laws，regulations and administrative provisions of the Member States concerning liability for defective products*（Luxembourg：Publications Office of the European Union，2018）64—65.

③ Jane Pirkis and Merete Nordentoft，"Media Influences on Suicide and Attempted Suicide" in Rory C. O'Connor，Stephen Platt，and Jacki Gordon（eds.）*International Handbook of Suicide Prevention：Research，Policy and Practice*（Chichester：Wiley-Blackwell，2011）531—544，540.

④ Jean M. Twenge et al.，"Increases in Depressive Symptoms，Suicide-Related Outcomes，and Suicide Rates Among U.S. Adolescents After 2010 and Links to Increased New Media Screen Time"（2018）6（1）*Clinical Psychological Science* 3—17，15.

⑤ Rosemary Sedgwick et al.，"Social media，internet use and suicide attempts in adolescents"（2019）32（6）*Current Opinion in Psychiatry* 534—541，540.

⑥ Vivienne Badaan et al.，"Imagining better societies：A social psychological framework for the study of utopian thinking and collective action"（2020）14（4）*Social and Personality Psychology Compass* 1—14.

论提出了这样一个问题：人工智能的应用可能只对个人造成一些可以被忽略的伤害，但却会对集体造成重大的“社会级伤害”。这可以举例说明：

> 例如，一个政治营销应用可能会使一个人的投票欲望减少一小部分。从个人层面出发，这种应用的影响可能不被认为是对基本权利的侵犯，但在集体层面，这种影响可能大到足以改变选举结果。①

这也与此种操纵的其他结果有关，例如通过“自动化偏见”或“算法偏见”实现的结果。②就此也有人认为，欧盟《人工智能法案》提供的保护很少，特别是在情感计算和算法操纵领域。③研究已经显示这类技术是如何通过反复和专门让人接触有偏见的信息从而产

① Future of Life Institute（FLI），*FLI Position Paper on the EU AI Act*（August 2021）4；https：//futureoflife.org/wp-content/uploads/2021/08/FLI-Position-Paper-on-the-EU-AI-Act.pdf?x72900.

② Miriam C. Buiten，“Towards Intelligent Regulation of Artificial Intelligence”（2019）10 *European Journal of Risk Regulation* 41—59，51.

③ Smuha et al.，*supra* note 90，21，Philipp Hacker，“Manipulation by Algorithms. Exploring the Triangle of Unfair Commercial Practice，Data Protection，and Privacy Law”（2021）*European Law Journal* 1—34，28；https://doi.org/10.1111/eulj.12389.

生各种偏见的。[1]

在这些情况下，累积效应以个人组成的集体为基础。这种社会层面的危害不仅应该被包括在内，而且也让人质疑计划中惩罚措施的效率和比例。换言之，操纵选举的影响如何用财务术语来估价，以及如何避免这种危险，因为一个公司的成立可能只是为了达到这种效果，正如剑桥分析公司丑闻对世人所警示的那样。[2]总的来说，即使这个问题不能仅凭欧盟《人工智能法案》来解决，它也应该导致对下列问题的进一步探讨：侵权行为和相关制度（如产品责任）的更新[3]、共同所有权问题（即不同行业和跨行业的集中）[4]，以及因果关系的概念（与气候变化问题的类似经验相

---

① María Triana，*Managing Diversity in Organizations*：*A Global Perspective*（New York：Routledge，2017）308.

② Jonathan Heawood，"Pseudo-public political speech：Democratic implications of the Cambridge Analytica scandal"（2018）23 *Information Polity* 429—434 and Tommaso Venturini and Richard Rogers，"'API-Based Research' or How can Digital Sociology and Journalism Studies Learn from the Facebook and Cambridge Analytica Data Breach"（2019）7（4）*Digital Journalism* 532—540.

③ Council Directive 85/374/EEC（Product Liability Directive），OJ L 210/29（7 August 1985）[PLD] and European Parliament，*Resolution of 20 October 2020 with recommendations to the Commission on a civil liability regime for artificial intelligence*（2020/2014（INL），P9_TA（2020）0276（20 October 2020）.

④ Jennifer G. Hill，"The Conundrum of Common Ownership"（2020）53（3）*Vanderbilt Journal of Transnational Law* 881—906，881.

一致）。①

早在20世纪80年代，新媒体技术就引起了人们的关注，并带来了对“潜意识侵权”的探索，如下所述：

> 新媒体技术可以在不知不觉中改变人类行为的发现让人们对一个自由已成为幻想的社会产生了恐惧。没有明确的法规或普通法禁令来规制这些技术中的大多数。然而，法律的明确动向表明，人们对潜意识影响的概念及其普遍性越来越敏感，以及对这种影响表面上具有攻击性的伴随概念越来越敏感。②

对于目前欧盟《人工智能法案》以及未来任何对难以察觉的累积性伤害敏感的侵权制度而言，主要的问题仍然是建立关于使用潜意识教化技术和所造成伤害之间存在因果关系的可靠证据。解决这个问题还需要神经科学家对一般的法律辩论，特别是对裁决提供更

---

① Michael Duffy，“Climate Change Causation：Harmonizing Tort Law and Scientific Probability”（2019）28（2）*Temple Journal of Science*，*Technology & Environmental Law* 185—242，241.

② Charles B. Kramer，“Judicial Recognition and Control of New Media Techniques：In Search of the Subliminal Tort”（1981）14（3）*John Marshall Law Review* 733—760，759.

多的投入。[①] 不幸的是，在这些案件中，法律裁决往往因科学权威的悖论而变得愈发困难，该悖论指出："最急于征求科学意见的案件就是科学权威受到最彻底质疑的案件。"[②]

除了与因果关系的科学现实有关的一般困难外，对"潜意识阈值"问题也存在担忧。然而，要解决这些问题，首先需要仔细研究目前和未来可能影响潜意识水平的人工智能实践的性质。之后将对人类感知的生理学以及潜意识对个别感官和所有感官的共同意义进行说明。

三、潜意识教化人工智能系统的范围和性质

为了评估法律禁止潜意识教化技术的合理性和可行性，还必须了解目前和未来的技术可能涵盖哪些实际情况。对于此，当提案被提出时，主管专员引用了"一个使用语音辅助操纵儿童做危险事情的玩具"的例子。[③] 虽然这个例子与《人工智能法案》提案第 5（1）

① Bernice B. Donald and Erica Bakies，"A Glimpse inside the Brain's Black Box：Understanding the Role of Neuroscience in Criminal Sentencing"（2016）85（2）*Fordham Law Review* 481—502，501—502.

② Wiebe E. Bijker，Roland Bal and Ruud Hendriks，*Paradox of Scientific Authority：The Role of Scientific Advice in Democracies*（Cambridge，MA：MIT Press，2009）1［footnote omitted］.

③ European Commission，"Speech by Executive Vice-President Vestager at the press conference on fostering a European approach to Artificial Intelligence"（21 April 2021）；https：//ec.europa.eu/commission/presscorner/detail/en/SPEECH_21_1866.

（b）条更相关，此条禁止人工智能系统利用“特定人群因年龄、身体或精神残疾而产生的脆弱性”。目前很难指出，甚至设想出一个具体的人工智能系统部署潜意识教化技术的例子。为此，商业广告领域提供了一个很好的出发点，该领域长期以来也禁止此类技术，这一点将在下文中讨论。

以广告业为例，首先，人工智能可望帮助提高效率和实现预期结果，特别是通过有针对性的广告，并与大数据、机器学习和神经科学相结合时。[①] 神经营销被标记为一个新的科学领域，且被定义为“处理消费者对品牌、产品和产品系列等营销材料的潜意识反应”的领域。[②] 目前已经有包括脑电图、眼球追踪、功能性磁共振成像和万物互联等大量新工具和技术运用于研究消费者行为和营销决策过程中。[③] 一般而言，人工智能，特别是当其通过机器学习时，据

---

① Emmanuel Mogaji，Sunday Olaleye，and Dandison Ukpabi，“Using AI to Personalise Emotionally Appealing Advertisement” in Nripendra P. Rana et al.（eds.），*Digital and Social Media Marketing*：*Emerging Applications and Theoretical Development*（Cham：Springer，2020）137—150.

② Silvia Klinčeková，“Neuromarketing—research and prediction of the future”（2016）2（2）*International Journal of Management Science and Business Administration* 53—57，53.

③ Letizia Alvino et al.，“Picking Your Brains：Where and How Neuroscience Tools Can Enhance Marketing Research”（2020）14 *Frontiers in Neuroscience* 1—25；doi：10.3389/fnins.2020.577666，Chiahui Yen and Ming-Chang Chiang，“Examining the effect of online advertisement cues on human responses using eye-tracking，EEG，and MRI”（2021）（转下页）

说可以提高人类表现，使人类更有效率和生产力。[①]眼球追踪技术是一种生物识别工具，已经被广泛运用于如计算机游戏、教育、娱乐、健康、神经营销和心理学等各种商业和研究领域。最近的眼球追踪和软件模拟实验也揭示了潜意识现实和我们与环境无意识互动的各个方面。[②]在另一项研究中发现，向家用电器用户提供超意识和潜意识反馈的环境说服技术对用户的能源消耗产生了影响。此外，最重要的发现是，说服性技术可以在没有得到用户有意识注意的情况下说服她 / 他。对潜意识信息存在伦理上的担忧，因此寻求“对超出接收者控制的干预应该仔细监管”。[③]说服技术用于节约能源无

（接上页）402（113128）*Behavioural Brain Research* 1—12；https：//doi.org/10.1016/j.bbr.2021.113128 and Seyed Mojtaba Hosseini Bamakan，Aref Toghroljerdib，and Peyman Tirandazib，“Internet of Everything Driven Neuromarketing：Key Technologies and Challenges”（2021）*arXiv*：*2105.14470*；https：//arxiv.org/abs/2105.14470.

① Shekhar Suman et al.，“Understanding and Improvisation of Human Perception Using Artificial Intelligence and Machine Learning”（2020）1（2）*Journal of Mathematical Sciences & Computational Mathematics* 251—256，251.

② Alexandros A. Lavdas，Nikos A. Salingaros，and Ann Sussman，“A. Visual Attention Software：A New Tool for Understanding the ‘Subliminal’ Experience of the Built Environment”（2021）11 *Applied Sciences* 1—29，1 and 25；https：//doi.org/10.3390/app11136197.

③ Jaap Ham，Cees Midden and Femke Beute，“Can Ambient Persuasive Technology Persuade Unconsciously？ Using Subliminal Feedback to Influence Energy Consumption Ratings of Household Appliances”（2009）29 *Persuasive '09*：*Proceedings of the 4th International Conference on Persuasive Technology* 1—6，4 and 5；https：//doi.org/10.1145/1541948.1541988.

疑构成了一个更积极的场景，但同样的技术也可能被用于消极或有害目的。这反映在各种悖论中，如“进步”①或“互联网”②，使用的目的决定钟摆最终转向积极抑或消极影响。③

新技术最初的中立性也可以通过已经被广泛使用的推荐系统，如搜索引擎来体现。推荐系统的目标被定义为“向用户集合生成他们可能感兴趣的项目或产品的有意义建议”。④在互联网信息泛滥的时代，这似乎是一个有用的领域，可以这么说，推荐系统有能力“在无数设置中提供相关信息，基本上可以处理以下情况：大量的信息使得在特定情况下很难检测和选择所需信息，或者处理信息本身无法获取的情形”。⑤推荐系统同时在说服领域运作，很容易被用来操纵目标个人，例如通过“垃圾邮件索引”或网站管理员使用“与

---

① Blaise Pascal, *The Thoughts of Blaise Pascal*（London: Kegan Paul, Trench & Co., 1885）57.

② Robert Kraut et al., “Internet Paradox: A Social Technology that Reduces Social Involvement and Psychological Well-Being?”（1998）53（9）*American Psychologist* 1017, 1029.

③ Rostam J. Neuwirth, *Law in the Time of Oxymora: A Synaesthesia of Language, Logic and Law*（New York: Routledge, 2018）199.

④ Prem Melville and Vikas Sindhwani, “Recommender Systems” in Claude Sammut and Geoffrey I. Webb（eds.）, *Encyclopedia of Machine Learning*（New York: Springer, 2011）829—838, 829.

⑤ Mireille Hildebrandt, “The Issue of Proxies: And why EU law matters for recommender systems”（2021）*SocArXiv* 1—26, 3; doi: 10.31235/osf.io/45x67.

实际网页内容完全无关的索引术语，以便从涉及这些主题的搜索中获得点击率”的做法。[①]由于存在许多固有危险，推荐系统也被类比为用于诱捕动物的“陷阱”。[②]推荐系统还被发现会导致前文所述的“黑暗模式”的潜意识操纵形式。[③]黑暗模式表现为“诱导的‘非行动’或‘反行动’状态，鉴于没有选择退出的条件、取消订阅的斗争、预选的复选框和其他旨在保持决策悬念的默认值”。[④]许多人在试图预订酒店房间时已经体验过这种悬念，就在当预定信息中显示“我们的网站上只剩下两间房间”或“在过去 10 分钟内有 3 个人在寻找同一天入住的房源”时。也有研究表明，一个简单的潜意识教化技术，即播放嵌入了笑脸表情符号的酒店视频作为潜意识信息，可以很大程度上影响消费者对酒店的选择。[⑤]换言之，推荐系统也可以在潜意识中把我们置于一种无法挣脱的境地。总而言之，神经

① Ira Steven Nathenson，“Internet Infoglut and Invisible Ink：Spamdexing Search Engines with Meta Tags”（1998）12（1）*Harvard Journal of Law & Technology* 43—148，46.

② Nick Seaver，“Captivating algorithms：Recommender systems as traps”（2019）24（4）*Journal of Material Culture* 421—436，432.

③ Hildebrandt，*supra* note 122，8—9.

④ Michael Dieter，“Dark Patterns：Interface Design，Augmentation and Crisis” in David M. Berry and Michael Dieter（eds.），*Postdigital Aesthetics*：*Art*，*Computation and Design*（Basingstoke：Palgrave Macmillan，2015）163—178，174.

⑤ Liwei Hsu and Yen-Jung Chen，“Neuromarketing，subliminal advertising，and hotel selection：An EEG study”（2020）28 *Australasian Marketing Journal* 200—208，200.

营销等神经科学技术与其他技术一样，其使用通常会引发道德方面的关注，并且有可能被滥用。①

同样的悖论也适用于一般的算法，这类算法被形容为越来越多的“可能比我们自己更了解我们自己”。② 在他人手中，这些强大的工具对人类的思想产生了很大影响，这种影响可以不同程度地、有选择地被用于积极或消极目的。这些算法不仅影响我们的决定，而且还被运用于大量的领域，在这些领域中，它们形成了超出我们控制但影响我们生活的决定，这已经是一个事实。行动是秘密的事实使得算法特别容易达到潜意识的水平，这就是为什么也存在这种说法：“保密工作正在接近临界点，我们对关键决定一无所知。更大的公开性势在必行。”③

若要为以上危险举例，那么可以通过用于目标定位广告时所谓的“自动性别识别”（AGR）系统呈现的效果予以说明。这些系统被

---

① Steven J. Stanton，Walter Sinnott-Armstrong，and Scott A. Huettel，“Neuromarketing：Ethical Implications of its Use and Potential Misuse”（2017）144 *Journal of Business Ethics* 799—811.

② Vinita Dawra Nangia，“Are we being played by Artificial Intelligence？” *The Times of India*（10 October 2020）；https：//timesofindia.indiatimes.com/blogs/O-zone/are-we-being-played-by-artificial-intelligence/.

③ Frank Pasquale，*The Black Box Society*：*The Secret Algorithms that Control Money and Information*（Cambridge，MA：Harvard University Press，2015）4.

发现有可能“通过提供有关男性和女性应该使用的人工制品的潜意识信息”，使性别陈规定型观念永久化。[①]这种从广告部门了解到的操纵性做法也可用于军事部门。作为另一个在高度保密情况下运作的部门，军事部门有可能使用人工智能以达到各种安全和军事目的。与神经技术相关的各种操纵风险已被确认，并得出结论：“未来这些技术的复杂性及恶意行为者对其滥用可能会给精神操纵和洗脑带来前所未有的机会。”[②]就神经技术的军事应用而言，目前有三个领域受到特别关注，即脑机接口、增强战斗力的神经技术（如经颅电流刺激技术），以及用于欺骗、探测和审讯的神经技术系统。[③]

特别是脑机接口正变得日益复杂，在成为直接和间接操纵精神的技术手段方面，有可能带来严重挑战。已经有人指出，“脑机接口正在超越孤立的研究实验室，探索从艺术和康复到游戏和增强现实的新用途”，并且“脑机接口工具及其收集数据的可及性、适应性和

① Timnit Gebru, “Data-Driven Claims about Race and Gender Perpetuate the Negative Biases of the Day” in Markus D. Dubber, Frank Pasquale and Sunit Das (eds.), *The Oxford Handbook of Ethics of AI* (Oxford: Oxford University Press, 2020) 253—269, 260.

② Jean-Marc Rickli and Marcello Ienca, “The Security and Military Implications of Neurotechnology and Artificial Intelligence” in Orsolya Friedrich et al. (eds.), *Clinical Neurotechnology Meets Artificial Intelligence: Philosophical, Ethical, Legal and Social Implications* (Cham: Springer, 2021) 197—214, 207—208.

③ *Ibid*, 197—214, 209.

透明度将可能影响我们如何共同驾驭一个新的数字时代”。[①]

就此而言，人工智能中的潜意识教化技术不仅有可能被用于改善人机互动，还可以使人类增强生产力。[②] 例如，这些技术可以应用于有说服力的“社交机器人”和类似代理，“让它们成为个人、组织和公共的助手，例如，成为减肥教练、教师助手和紧急情况下的应答者”。[③] 在另一个应用领域，人工智能被用来认识基于肢体语言论证的重要性，通过使“说服性线索可见，以证明基于肢体语言论证的说服力的重要性”。[④] 显然，同样的技术可以用于恰当的和不恰当的目的，

---

① Guillermo Bernal，Sean M. Montgomery and Pattie Maes，“Brain-Computer Interfaces，Open-Source，and Democratizing the Future of Augmented Consciousness”（2021）3：661300 *Frontiers in Computer Science* 1—14，10；https：//doi.org/10.3389/fcomp.2021.661300.

② Andreas Riener et al.，“Subliminal Communication in Human-Computer Interaction”（2011）2011 *Advances in Human-Computer Interaction* 1—3；https：//doi.org/10.1155/2011/156028 and Walter Ritter，“Benefits of Subliminal Feedback Loops in Human-Computer Interaction”（2011）2011 *Advances in Human-Computer Interaction* 1—11；https：//doi.org/10.1155/2011/346492.

③ Vijay Chidambaram，Yueh-Hsuan Chiang and Bilge Mutlu，“Designing Persuasive Robots：How Robots Might Persuade People Using Vocal and Nonverbal Cues”（2012）2012 *7th ACM/IEEE International Conference on Human-Robot Interaction*（*HRI*）293—300，293；https：//doi.org/10.1145/2157689.2157798.

④ Klaus Weber et al.，“Towards Demystifying Subliminal Persuasiveness：Using XAI-Techniques to Highlight Persuasive Markers of Public Speeches” in Davide Calvaresi et al.（eds.），*Explainable*，*Transparent Autonomous Agents and Multi-Agent Systems*（Cham：Springer，2020）113—128.

这种经常遭遇的矛盾模糊性让人联想到一方面使用人工智能来检测，另一方面又使用人工智能来制造“假新闻”或从事“深度造假”。①

以此方式，同样的技术也可用于伤害用户的目的。目前已经存在多种多样可用于潜意识建议和精神控制的技术。所谓的“大脑间谍软件”就是一个很好的例子，这个术语描述的是“故意设计以检测私人信息的软件”。② 这项技术已经在实验室中被演示，以说明以下情形如何发生：

> 大脑黑客可以通过向脑机接口用户展示视觉刺激，并使用机器学习模型根据大脑反应检测熟悉的信息，从脑机接口用户的大脑中推断出银行信息、熟悉的面孔、用户个人识别号码、居住地和出生月份等私人信息。③

---

① Rostam J. Neuwirth, “The Regulation of ‘Fake News’ in the Time of Oxymora: Facts and Fictions about the Covid-19 Pandemic as Coincidences or Predictive Programming?”(2021) *International Journal for the Semiotics of Law* 1—27; https://doi.org/10.1007/s11196-021-09840-y.

② Ivan Martinovic et al., “On the feasibility of side-channel attacks with brain-computer interfaces”(2012) *Proceedings of the 21st USENIX Security Symposium*, 143—158, 145; https://www.usenix.org/conference/usenixsecurity12/technical-sessions/presentation/martinovic.

③ Dustin Steinhagen and Houssain Kettani, “An Inventory of Existing Neuroprivacy Controls”(2020) *ICISDM 2020: Proceedings of the 2020 the 4th International Conference on Information System and Data Mining* 77—83, 78; https://doi.org/10.1145/3404663.3404664.

更令人担忧的是，这些攻击可以在潜意识中进行，换言之，以低于目标意识感知的方式进行。① 同样，一些看似无害的脑机接口和其他针对不同感官的潜意识设备，如用于跟踪健身或睡眠的可穿戴健康设备，即使是“出于学习目的促进记忆巩固，提升情绪和健康，甚至改善人们在远距离交流时的体验”②，也可能被滥用，在用户不知不觉中操纵其思想。

大脑可以在一个人进入睡眠时被入侵。鉴于每个人都需要且都会睡觉，人们也普遍认为每个人都会做梦。③ 尽管有许多问题回避了我们对睡眠和梦境的理解，但已知悉的是我们在睡眠中继续处理信息，甚至感觉处理也在睡眠中继续进行。④ 信息处理在睡眠中继续进行这一事实意味着，即使在我们睡着的时候，我们的大脑和行

---

① Mario Frank et al.，“Using EEG-based BCI devices to subliminally probe for private information”（2017）*Proceedings of the 2017 Workshop on Privacy in the Electronic Society*（*WPES'17*）133—136，133；https：//doi.org/10.1145/3139550.3139559.

② Judith Amores and Pattie Maes，“Influencing Human Behavior by Means of Subliminal Stimuli using Scent，Light and Brain Computer Interfaces”（2016）*PETRA '16*：*Proceedings of the 9th ACM International Conference on PErvasive Technologies Related to Assistive Environments* 1—4；https：//doi.org/10.1145/2910674.2935853.

③ J.F. Pagel，“Non-dreamers”（2003）4（3）*Sleep Medicine* 235—241，235.

④ Adam Haar Horowitz et al.，“Dormio：A Targeted Dream Incubation Device”（2020）83 *Consciousness and Cognition* 1—28，2；https：//doi.org/10.1016/j.concog.2020.102938.

为也一定有可能被主动影响或操纵。这种影响的其中一种形式自古以来被称为“梦境孵化”，指的是“一个人为了有意唤起有益的梦境而采用的做法、仪式、技术和努力”。[①] 最近，有人描述了一种使用已知的“梦境黑客技术”及其他某些技术的类似操纵行为，据说这些技术不仅能够帮助我们创造、治愈和获得乐趣，而且还能成为商业操纵的工具。[②] 已经进行的实验证实，“在中午午睡时向目标人员呈现一个熟悉的、有价值的零食项目的口语化名称，相较于没有外部提示的项目，明显提高了目标人员对该项目的偏好”。[③] 更不易察觉的技术，如“梦境孵化装置”，可用于“睡眠黑客”，以谨慎地操纵一个人从而达到有害和有益两个背道而驰的目的。此领域的核心问题在于是否可以使用影响一种或多种感官的潜意识和超意识技术来实现对睡眠者的此种影响。由于实验证实，清醒时的潜意识刺

① Tore Nielsen, *Dream incubation: ancient techniques of dream influence* (Montreal: Dream & Nightmare Laboratory, 2012); http: //www.dreamscience.ca/en/documents/New%20content/incubation/Incubation%20overview%20for%20website%20updated.pdf.

② Adam Haar Horowitz, Robert Stickgold and Antonio Zadra, “Inside your dreamscape”, *Aeon* (19 November 2021); https: //aeon.co/essays/dreams-are-a-precious-resource-dont-let-advertisers-hack-them.

③ Sizhi Ai et al., “Promoting subjective preferences in simple economic choices during nap” (2018) 7 (e40583) *eLife* 1—21, 1; https: //doi.org/10.7554/eLife.40583.

激可以影响睡眠[①]，潜意识刺激似乎没有理由不在睡眠时也有效。因此，从监管的角度来看，因为人在睡觉时很难意识到任何信息，如果在睡眠时部署的任何此类技术从定义上而言都是潜意识的，这将很有趣。[②]

然而，比那些我们已知的更严重的挑战将来自各种现有和未来人工智能系统的创造性组合，此种组合结合了潜意识、超意识、脑机接口技术以及其他设备。[③]例如，"情感计算"形式的脑机接口不仅可以让技术接触到情感，而且可能通过可穿戴健康设备的快速发展得到加强，[④]从而可以接触到我们内心深处的想法和感受。情感计算据说可以使技术"进入某人的感受或情绪"，从而在未来应用中

① Charles Fisher and I.H. Paul，"The effect of subliminal visual stimulation on images and dreams：A validation study"（1959）7 *Journal of the American Psychoanalytic Association* 35—83，80.

② Michael Prost，"Unconsciousness，Subconsciousness & the Creation of Consciousness"（2019）10（5）*Journal of Consciousness Exploration & Research* 380—390，383.

③ Bernd W. Wirtz，Jan C. Weyerer and Benjamin J. Sturm，"The Dark Sides of Artificial Intelligence：An Integrated AI Governance Framework for Public Administration"（2020）43（9）*International Journal of Public Administration* 818—829，820—822.

④ Qiongfeng Shi et al.，"Progress in wearable electronics/photonics—Moving toward the era of artificial intelligence and internet of things"（2020）2 *InfoMat* 1131—1162；https：//doi.org/10.1002/inf2.12122.

大有可为，也因此在伦理、隐私和成本效益等领域引起许多关注。[①] 人工智能在临床实践中的运用“与其他现代领域的精准医疗、基因组学和远程咨询一起迅速发展”[②]，构成了一个有前景的领域，人们对此也表示了同样的担忧。总之，人工智能、物联网、机器人和可穿戴及其他健康设备的前景，如电子配药器或在夜间播放潜意识信息而减少焦虑的程序，是一个重要警示，我们应该反思什么样的未来是理想的。对于此，有人认为需要更深入地思考“虚拟信息时代的关键伦理、文化、社会和政治影响”。[③]

简言之，现有的和未来的脑机接口和其他技术不仅会进一步削弱人工智能和人类智能或人类和机器之间的区别，而且会削弱思想控制和机器控制、自己控制或他人控制之间的区别。这同样适用于人工智能在自主武器系统等方面的军事用途，对于这些系统，“人工智能有能力支持从最高级别政治决策者一直到战场上步兵的分析研

① Tara J. Brigham，“Merging Technology and Emotions：Introduction to Affective Computing”（2017）36（4）*Medical Reference Services Quarterly* 399—407，405.

② Giovanni Briganti and Olivier Le Moine，“Artificial Intelligence in Medicine：Today and Tomorrow”（2021）7（27）*Frontiers in Medicine* 1—6，4；https：//doi.org/10.3389/fmed.2020.00027.

③ Evonne Miller and Debra Polson，“Apps，Avatars，and Robots：The Future of Mental Healthcare”（2019）40（3）*Issues in Mental Health Nursing* 208—214，208；https：//doi.org/10.1080/01612840.2018.1524535.

究”。[①] 一般而言，人工智能系统的自主性威胁着法治基于人类机构的范式。[②] 同时，人类的自主性也是一个多层次的过程，其中许多行为以潜意识的方式进行，这也进一步强调了规范潜意识教化技术的必要性。[③]

一般而言，众多的例子证实，人工智能是一个具有双重用途的技术领域。这意味着人工智能像其他两用产品一样，有可能既用于民用又用于军用，而且两者之间的区分界限往往不明显。因此，人工智能被正确地描述为能够被用于“民事和军事用途，更广泛而言，用于有益和有害的目的”。也有学者认为，鉴于“一些需要智能的任务是良性的，而另一些则不是，人工智能具有双重用途，就像人类智能一样”。[④]

仅就政治安全而言，人工智能双重用途中的几种操纵性做法已

---

① Niklas Masuhr, “AI in Military Enabling Applications” *CSSCSS Analyses in Security Policy*, Center for Security Studies（CSS）, ETH Zurich（29 October 2019）; https：//doi.org/10.3929/ethz-b-000367663.

② Simon Chesterman, “Artificial Intelligence and the Problem of Autonomy”（2020）1（2）*Notre Dame Journal on Emerging Technologies* 210—250，248.

③ Roger Clarke, “Why the world wants controls over Artificial Intelligence”（2019）35 *Computer Law & Security Review* 423—433，427.

④ Miles Brundage et al., “The Malicious Use of Artificial Intelligence：Forecasting, Prevention, and Mitigation” Future of Humanity Institute, University of Oxford（February 2018）16；https：//arxiv.org/ftp/arxiv/papers/1802/1802.07228.pdf.

被明确提及，包括自动监视平台以压制异议，带有逼真编造视频和音频的假新闻报道，自动和超个性化的虚假信息运作，“拒绝信息”攻击，以及操纵信息的可用性。[①] 谷歌（阿尔法特公司）参与五角大楼的“Maven 项目”就是一个很好的例子，“Maven 项目”是一个“使用人工智能来解释视频图像，用以提高无人机打击目标定位能力的计划”。[②]

出于这个原因，《人工智能法案》提案第 2（3）条中对“专门为军事目的开发或使用的人工智能系统”的豁免构成了拟议新法律框架中的一个重要漏洞或者说“法律空白”。此外，据说它在欧盟内部造成了一种冲突的监管局面，正如下文所表述的：

> 鉴于与自主致命武器相关的风险，将军事人工智能排除在提案范围之外令人担忧。再加上欧盟本身正通过欧洲国防基金积极参与军事人工智能系统的开发，对于此，将军事人工智能排除在提案范围之外也构成一个问题。欧洲国防基金的这种参

① Miles Brundage et al.，“The Malicious Use of Artificial Intelligence：Forecasting，Prevention，and Mitigation” Future of Humanity Institute，University of Oxford（February 2018）16；https：//arxiv.org/ftp/arxiv/papers/1802/1802.07228.pdf，28—29.

② Penny Crofts and Honni van Rijswijk，“Negotiating ‘Evil’：Google，Project Maven and the Corporate Form”（2020）2（1）*Law*，*Technology and Humans* 1—16，1；https：//doi.org/10.5204/lthj.v2i1.1313.

与包括开发所谓具有武装能力的“欧洲无人机”。因此，欧盟本身可被视为积极促成了与自主致命武器有关的风险。①

由于一系列原因，建议弥补与军事人工智能有关的法律保护这一领域的空白，最好是将所有人工智能应用纳入管理人工智能的未来法律框架，并最终置于法治的掌舵之下。否则，明确允许某些部门或当局超越法律行事将构成一种制度上的虚伪。一般而言，在审查各个领域现有的人工智能和机器学习技术之后，可以得出这样的结论：“制定更具体的法律来管理日益自动化的公共领域”②极其紧迫和重要。人工智能的未来应用前景，以及可预见的军事和民事用途之间的融合，只会增加问题的紧迫性。此外，一些现有和未来的人工智能系统及其相关技术也会引发更多关于新的所谓“神经犯罪”的原则以及对侵权行为和损害因果关系新理解的辩论，包括那些由“累积伤害”造成的伤害。然而，在得出任何最终结论之前，重新审视其他法律和案例将大有裨益，这些法律和案例涉及不同种类的、为了施加各种程度的精神控制而使用的潜意识教化技术。

---

① Smuha et al., *supra* note 90，18［footnote omitted］.

② Frank Pasquale，*New Laws of Robotics*：*Defending Human Expertise in the Age of AI*（Cambridge，MA：The Belknap Press，2020）110.

第二章　潜意识感知和法律

在研究潜意识感知和法律间的联系之前，有必要提及以下内容，即根据最新的科学发现和对无意识的新理解，我们整个认知功能中只有 5% 是有意识的，剩下的 95% 我们意识不到，但仍然对我们的生活产生了重要影响。① 为了对拟议的禁止部署潜意识教化技术的人工智能系统的适当性作出最佳评估，首先应该回溯过去对潜意识问题的监管方法。就此而言，最重要的例子是欧盟以及世界上其他几个司法管辖区采纳的禁止潜意识广告的做法。在仔细研究这些法律之前，复盘一下潜意识广告相关问题大有裨益。

一、动机研究和“隐藏的说服者”

对潜意识或未被注意信息来源的兴趣可以追溯至人类早期。古希腊哲学家德谟克利特（Democritus）认为，“许多可感知的东西我

① Leonard Mlodinov，*Subliminal*：*How Your Unconscious Mind Rules Your Behaviour*（New York：Vintage Books，2012）34 and John A. Bargh and Tanya L. Chartrand，“The unbearable automaticity of being”（1999）54 *American Psychologist* 462—479，462.

们无法感知，因为它不适合我们的感官”。[①] 镜头拉回现代，维也纳神经学家奥托·波尔（Otto Pötzl）被认为在 20 世纪初对潜意识感知作出了最早且具有科学意义的其中一个发现。[②] 他的发现被称为“波尔现象”（Pötzl phenomenon），即“在潜意识中呈现的词语或图像可能在短时间内出现在想象或梦境中”。[③] 这一现象表明在意识、潜意识或睡眠状态之间存在着有趣的联系。此后不久，人们试图将这些心理学发现应用于市场研究领域。[④] 因此，正是动机研究在心理学和市场营销的应用科学之间架起了桥梁。[⑤]

如今，潜意识广告现象最常与一项实验联系在一起，这项实验涉及 1957 年美国一家电影院在放映电影的过程中，使用了一个测速仪（一种在屏幕上闪现无形信息的机器，可以被潜意识看到），每 5 秒钟投放 1/3000 秒的潜意识信息，用白字写着“吃爆米花”和“喝

---

① Eduard Zeller，*A History of Greek Philosophy*：*From the Earliest Period to the Time of Socrates*，vol. II（London：Longmans，Green & Co，1881）267.

② Otto Pötzl，“The relationship between experimentally induced dream images and indirect vision”（1960）2（3）*Psychological Issues* 41—120.

③ Gary R. VandenBos（ed.），*APA Dictionary of Psychology*，2nd ed.（Washington：American Psychological Association，2015）816.

④ Paul F. Lazarsfeld，“The psychological aspect of market research”（1934）14（1）*Harvard Business Review* 54—71.

⑤ Ron Fullerton，“The beginnings of motivation research，1934—1954：a prequel to Fullerton 2013”（2015）7（4）*Journal of Historical Research in Marketing* 509—523.

可口可乐”。[1] 据报道，上述实验极大地促进了爆米花（57.1%）和可口可乐（18.1%）的销售。这种关联的起源可以追溯至詹姆斯·维卡里（James Vicary），他将心理学应用于市场研究。[2] 在万斯·帕卡德（Vance Packard）出版《隐藏的说服者》[3] 一书后，潜意识广告对行为的可能影响引发了更广泛的关注。帕卡德在书的结论中写道：

> 在我看来，许多深度操纵者犯下的最严重罪行是，他们试图侵犯我们的思想。我认为我们必须努力捍卫的正是这种思想隐私权，无论此种隐私是理性的还是非理性的。[4]

不久前，关于潜意识广告有效性的争论还被对于詹姆斯·维卡里提出的研究结果的争议所掩盖，维卡里的实验经常被指控为是骗

---

① Wilson Bryan Key, *Subliminal Seduction*: *Ad Media's Manipulation of a Not So Innocent America*（New York：Signet，1973）21 and Paul J. Albanese，“The unconscious processing information”（2015）15（1）*Marketing Theory* 59—78，60.

② James Vicary，“How Psychiatric Methods Can be Applied to Market Research”（1951）235（6）*Printer's Ink* 39—48.

③ Vance Packard，*The Hidden Persuaders*（New York：Ig Publishing，2007）.

④ *Ibid*，240.

局，被称为“无根据的观念”。[①] 也许正是因为骗局存在的可能性，对于潜意识刺激的效果问题才并未得到认真对待，并在相当长的一段时间内保持争议的状态。例如，20 世纪 90 年代末的报道显示，主要期刊在潜意识广告问题上仍然存在分歧。[②] 这是人们仍然经常错误地认为潜意识广告不起作用的主要原因。[③]

然而时至今日，潜意识刺激的一般效果可以被认为是经过科学验证的。2006 年进行了两个类似旨在评估“饮料品牌名称的潜意识刺激是否会影响人们对被刺激品牌的选择，以及这种影响是否会被个人的口渴感觉所调节”的实验。[④] 这两项研究的结果都证实，“对某一品牌饮料（即立顿冰）的潜意识启动对参与者选择和饮用该品

---

① Anthony R. Pratkanis et al.,“Is Subliminal Persuasion a Myth?” in Jason A. Nier (ed.), *Taking Sides: Clashing Views in Social Psychology* (New York: McGraw-Hill, 2007) 230—255 and Ap Dijksterhuis, Henk Aarts, and Pamela K. Smith, “The Power of the Subliminal: On Subliminal Persuasion and Other Potential Applications in Ran R. Hassin”, James S. Uleman, and John A. Bargh (eds.), The New Unconscious (Oxford: Oxford University Press, 2005) 77—106, 79.

② Charles Trappey, “A Meta-Analysis of Consumer Choice and Subliminal Advertising” (1996) 13 (5) *Psychology & Marketing* 517—530, 519.

③ Christian Fichter, “Werbung” in Christian Fichter (ed.), *Wirtschaftspsychologie für Bachelor* (Berlin: Springer, 2018) 99—130, 114.

④ Johan C. Karremans, Wolfgang Stroebe and Jasper Claus, “Beyond Vicary's fantasies: The impact of subliminal priming and brand choice” (2006) 42 *Journal of Experimental Social Psychology* 792—798, 797.

牌饮料的意向产生了积极影响，但这仅针对口渴的参与者”。[1]大约在同一时间，过去的争议被重新审视，得出的结论是：“毫无疑问，在对潜意识信息所能影响行为的程度或性质仍存在一些争议的情况下，适当呈现的潜意识信息会被处理、保留并*付诸行动*。”[2]显然，这里的关键点是发现正如隐喻的情况一样，潜意识信息不仅影响人类的思想，实际上也改变了人类的行为。[3]最后，2011年的一篇社论指出，在神经营销领域，关于潜意识启动的有效性问题不再是是否影响消费者行为，而是如何影响消费者行为的问题。[4]

更多的研究已经证实，有多种形式的潜意识说服。例如，当“一个词或符号的呈现影响了参与者对随后一个词或符号的解释方式时”，就会引起心理学上的“促发”（priming），这被称为“语义启

---

① Johan C. Karremans，Wolfgang Stroebe and Jasper Claus，“Beyond Vicary's fantasies：The impact of subliminal priming and brand choice”（2006）42 *Journal of Experimental Social Psychology* 792—798，797.

② Eldon Taylor，“Subliminal Information Theory Revisited：Casting Light on a Controversy”（2007）10（3）*Annals of the American Psychotherapy Association* 29—33，29［*Italics* added］.

③ George Lakoff and Mark Johnson，*Metaphors We Live By*（Chicago：The University of Chicago Press，1980）3.

④ Tanya L. Chartrand and Gavan J. Fitzsimons，“Nonconscious Consumer Psychology”（2011）21 *Journal of Consumer Psychology* 1—3，3.

动”（semantic priming）。[1] 就此而言，最具争议的问题之一是关于“有意识与无意识”或“潜意识与超意识”的大脑感知二分法。[2] 简而言之，这个问题的核心是，语义启动是否“即使在不能识别或不能检测‘促发’存在的条件下也会发生”。[3] 一般而言，“促发”似乎证实了潜意识和超意识技术的有效性，但这在很大程度上取决于各种额外因素，如接触的频率[4]，以及与个性有关的特征，[5] 如兴趣、动机、意识、某一先决条件在消费者或目标人群中的普遍性。[6] 特别是在以下情况下，如大数据收集、画像、有针对性的广告和其他“沉浸式”和基于神经营销的应用相结合时，可望提高潜意识刺激的

---

① VandenBos，*supra* note 4，960.

② Sid Kouider et al.，“Cerebral Bases of Subliminal and Supraliminal Priming during Reading”（2007）17 *Cerebral Cortex* 2019—2029，2019.

③ Timothy O. McNamara，*Semantic Priming*：*Perspectives from Memory and Word Recognition*（New York：Psychology Press，2005）105.

④ R.B. Zajonc，“Attitudinal effects of mere exposures”（1968）9（2）*Journal of Personality and Social Psychology* 1—27，23 and R.B. Zajonc，“Mere exposure：A gateway to the subliminal”（2001）10 *Current Directions in Psychological Science* 224—228，227.

⑤ Norman F. Dixon and Susan B.A. Henley，“Personality Factors and Subliminal Perception” in Uwe Hentschel，Gudmund Smith，and Juris G. Draguns（eds.），*The Roots of Perception*：*Individual Differences in Information Processing within and beyond Awareness*（Amsterdam：Elsevier，1986）39—47.

⑥ Brandon Randolph-Seng and Robert D. Maher，“Does Subliminal Persuasion Work？It Depends on Your Motivation and Awareness”（2009）33 *Skeptical Inquirer* 49—53.

整体效率。[1]这已经是个性化广告所面临的情形，可以概述如下：

个性化广告其实是在试图操纵人们的选择，操纵基于对一个人的详细了解，包括他/她如何思考、感觉和对某些类型情况的反应。这些方法变得越来越有效，利用了人类决策中的偏见，也利用了潜意识信息。这种技术涉及人们的潜意识，因此人们不一定会意识到导致他们采取此种行动的原因，类似于在催眠状态下的行为。[2]

各类说服性技术也被定义为"任何旨在改变人们态度或行为的互动计算系统"。[3]未来广告对潜意识教化技术的使用肯定会增加。与"黑暗模式""潜意识说服"或"潜意识引诱"等概念相似或同

---

① Jeff Chester, "Cookie Wars: How New Data Profiling and Targeting Techniques Threaten Citizens and Consumers in the 'Big Data' Era" in Serge Gutwirth et al. (eds.), *European Data Protection: In Good Health?* (Dordrecht: Springer, 2012) 53—77, 53—55.

② Dirk Helbing, "Societal, Economic, Ethical and Legal Challenges of the Digital Revolution: From Big Data to Deep Learning, Artificial Intelligence, and Manipulative Technologies" (2015) arXiv: 1504.037516-7 [Italics added]; https: //arxiv.org/abs/1504.03751.

③ Wolfgang Reitberger et al., "Ambient Persuasion in the Shopping Context" in Jörg Müller, Florian Alt and Daniel Michelis (eds.), *Pervasive Advertising* (London: Springer 2011) 309—323, 310 and 322.

义，这些技术不限于广告和营销领域。相反，同样的潜意识教化技术已经并将越来越多地应用于如公共关系、宣传、谈判，甚至宗教等领域。①

即使是在法律和决策领域，人们也将潜意识广告和被称为“助推”（nudging）的操纵性做法之间进行了类比，以推进某些政策目标。② 助推也被称为“现代形式的家长制”，大数据和人工智能的使用也会对其产生很大帮助，并且已经有人警告说，助推与错误信息和权力滥用相结合，在潜意识操纵的阴影下，被证明损害了人们的民主权利。③ 同时，助推也被认为是解决人工智能缺乏监管所固有潜在危险的一种方式，因为“监管能力的进步没有跟上新技术，包括人工智能的发展”。④ 总的来说，助推和人工智能的趋势被认为显

---

① Dave Lakhani，*Subliminal Persuasion：Influence & Marketing Secrets They Don't Want You To Know*（Hoboken，NJ：John Wiley & Sons，2008）2 and Erin J. Strahan，Steven J. Spencer and Mark P. Zanna，“Subliminal priming and persuasion：Striking while the iron is hot”（2002）38 *Journal of Experimental Social Psychology* 556—568.

② Richard H. Thaler and Cass R. Sunstein，*Nudge：Improving Decisions About Health，Wealth，and Happiness*（New Haven，CT：Yale University Press，2008）244.

③ Julia Puaschunder，*Behavioral Economics and Finance Leadership*（Cham：Springer，2020）166.

④ Michael Guihot，Anne F. Matthew and Nicolas P. Suzor，“Nudging Robots：Innovative Solutions to Regulate Artificial Intelligence”（2017）20（2）*Vanderbilt Journal of Entertainment & Technology Law* 385—456，385.

示了从“*计算机编程到人类编程*”的转变。①

一般而言，广告中可以区分出三种不同的操纵形式，即潜意识广告、伪装广告和扭曲广告，隐蔽性原则是这三种广告所共有的基本特征，即目标人物并未意识到被操纵，而是认为她 / 他可以不受影响地作出决定。② 在操纵政治观点的背景下，隐蔽性也是无形的操纵形式之一。③ 反言之，潜意识的操纵形式必须被视为最复杂的隐蔽形式。

这标志着在技术和产业融合持续趋势背景下的重要观察，此种融合不限于媒体、生物技术和纳米技术。④ 如果监管要在生活和现

---

① Dirk Helbing et al.,“Will Democracy Survive Big Data and Artificial Intelligence?” in Dirk Helbing (ed.), *Towards Digital Enlightenment: Essays on the Dark and Light Sides of the Digital Revolution* (Cham: Springer, 2019) 73—98, 76.

② Thomas Bohrmann, “Werbung” in Christian Schicha and Carsten Brosda (eds.), *Handbuch Medienethik* (Wiesbaden: Springer, 2010) 293—303, 294.

③ Nathaniel Klemp, “When Rhetoric Turns Manipulative: Disentangling Persuasion and Manipulation” in Wayne Le Cheminant and John M. Parrish (eds.), *Manipulating Democracy: Democratic Theory, Political Psychology, and Mass Media* (London: Routledge, 2011) 59—86, 64—65.

④ Mihail C. Roco and William Sims Bainbridge (eds.), *Converging Technologies for Improving Human Performance: Nanotechnology, Biotechnology, Information Technology and Cognitive Science* (Dordrecht: Springer, 2003), Peter Ludes, *Convergence and Fragmentation: Media Technology and the Information Society* (Bristol: Intellect, 2008), Sang M. Lee and David L. Olson, *Convergenomics: Strategic Innovation in the Convergence Era* (Farnham: Gower, 2010), and Michael Kackman et al. (eds.), *Flow TV: Television in the Age of Media Convergence* (London: Routledge, 2011).

实中发挥作用，就必须通过各个部门并使用跨学科的综合方法来监测潜意识教化技术。从当前的科学角度出发，潜意识信息对人的思想有影响。此外，人们发现，在不久的将来，部署了潜意识教化技术的人工智能技术在质量和数量上都会增加。这就是为什么人们发现“启动实验研究”（priming research）不仅与市场营销有关，而且与包括但不限于公共卫生和政治的更广泛科学领域有关。[①] 人工智能的潜在变革性影响，以及在打破个人思想障碍方面的进展，不仅在监管人工智能领域，而且在控制人们未来的行为领域，提出了关于法律作用的重要问题。针对最后的观点，回溯过往针对潜意识形式劝说的监管工作是一件很有意思的事情。

二、禁止潜意识广告的法律

三十多年前，世界上许多司法管辖区通过了禁止各种潜意识形式商业广告的法律和法规，这在很大程度上有力地说明了精神控制的有效性。以欧洲为例，欧洲委员会拟定了《欧洲跨界电视公约》，并于 1989 年 5 月通过，其中有一条是这么规定的：“广告和远程购

---

① Mohamed Elgendi et al.,“Subliminal Priming—State of the Art and Future Perspectives”（2018）8（54）*Behavioural Science* 1—23，15；https：//doi.org/10.3390/bs8060054.

物不得使用潜意识教化技术。”① 如今，关于最初引发将这一禁令纳入《欧洲跨界电视公约》文本决定的动机信息很有限。似乎可以追溯到《隐藏的说服者》一书以及关于冰淇淋、可口可乐和爆米花潜意识广告的例子，尽管它们的效果在当时备受争议。②

几个月后，欧盟的前身欧洲经济共同体根据 1989 年的《电视无国界指令》通过了一项类似的法律，其中包含了类似的禁止规定。③《电视无国界指令》禁止潜意识广告的文本被修正，以实现与《欧洲跨界电视公约》文本更大的一致性。④ 该指令构成了目前欧洲规范这一问题的法律，即欧盟《视听媒体服务指令》的基础，具体规定如下：

《视听媒体服务指令》第 9 条

1. 成员国应确保其管辖范围内的媒体服务提供者提供的视

---

① Art. 13（2）European Convention on Transfrontier Television，*European Treaty Series—No. 132*（5 May 1989）；https：//rm.coe.int/168007b0d8.

② Oliver Schaar，“Article 10（Principles for Advertising and Teleshopping” in Oliver Castendyk），E.J. Dommering and Alexander Scheuer（eds.），*European Media Law*（Alphen aan den Rijn：Kluwer Law International，2008）489—512，509.

③ European Economic Communities，Council Directive 89/552/EEC of 3 October 1989 on the coordination of certain provisions laid down by law，regulation or administrative action in Member States concerning the pursuit of television broadcasting activities，OJ L 298/23—30（17 October 1989）[TWFD].

④ Schaar，*supra* note 38，494.

听商业通信符合以下要求：

a. 视听商业通信应易于识别；应禁止隐蔽的视听商业通信；

b. *视听商业通信不应使用潜意识教化技术*。[①]

……

对使用潜意识教化技术视听商业通信的广泛禁止，可能为拟议禁止部署这些相同技术的人工智能系统提供了一个有用的先例。原因包括以下几点：第一，早先关于潜意识广告有效性的科学争议现在已经普遍解决，潜意识广告对目标用户或消费者产生影响的说法得到了广泛支持。第二，用于潜意识教化的技术不仅自 20 世纪 80 年代末以来得到了极大改善，而且可以预计在不久的将来会再次迅速改善，特别是在神经科学和相关技术（如脑机接口）进步的基础上，这也将逐步导致个人感官的更大整合。

因此，关于欧盟《人工智能法案》中相关条款未来有效性的关键问题将在于它如何对滥用和有害使用部署潜意识教化技术的人工智能系统发挥威慑作用。这就要求我们在欧盟《人工智能法案》第

① Directive（EU）2018/1808（Audiovisual Media Services Directive），OJ L 303/69—92（28 November 2018）[Italics added][AVMSD] .

5（1）条生效之前提前思考，为建立最佳的执行机制做好准备。因此，为了改善欧盟《人工智能法案》的执行情况，必须总结目前生效的《视听媒体服务指令》中的相关条款以及执行该指令的经验并从中得到启发。遗憾的是，尽管禁止潜意识广告的规定在欧洲已经实施了三十多年，但来自相关案例法的证据少之又少。此外，主要管理和监督机构似乎对监测禁止潜意识广告兴趣寥寥。

事实上，存在大量监管机构监督上述法律和法规的实施和遵守。这些机构包括欧洲委员会①、欧洲广播联盟②、欧洲监管机构平台③、欧洲广告标准联盟④和欧洲视听媒体服务监管机构集团⑤。此外，许多国家监管机构，如英国通信管理局、法国高级视听委员会、德国国家媒体主管部门主任会议、意大利通信保障局和奥地利通信管理局还对上述国际或超国家监管机构的工作进行了补充。⑥

然而，我经由在这些机构的网站进行各种搜索以及与这些机构

---

① Council of Europe（CoE）；https：//www.coe.int/en/web/portal.

② Europcan Broadcasting Union（EDU），https：//www.ebu.ch/home.

③ European Platform of Regulatory Authorities（EPRA）；https：//www.epra.org/.

④ European Advertising Standards Alliance（EASA）；https：//www.easa-alliance.org.

⑤ European Regulators Group for Audiovisual Media Services（ERGA）；https：//erga-online.eu/.

⑥ See the European Regulators Group for Audiovisual Media Services “List of regulators in the field of audiovisual media services”；https：//erga-online.eu/？page_id=43.

通过电子邮件联系后得知，并无关于潜意识广告的特殊案例记录。这可能是由于缺乏对此领域的监测所导致的，然而这不应该得出即使在广告中也不存在潜意识教化问题的结论。① 此外，一些国家主管部门并未回复相关邮件。英国通信管理局回复了，但建议与英国广告标准局联系，不幸的是，我并未收到英国广告标准局的回复。奥地利监管机构奥地利通信管理局的回复中包含了一个过往案例的信息，据称该案例涉及一个狗粮的潜意识广告。为了推广该产品，该广告被怀疑使用了人类而非狗无法察觉的音调，因为狗似乎对此有反应。由于被禁止活动针对的对象必须是人类而非动物，该案并未进一步调查。②

其他询问涉及通过监测广播内容来执行规定的实际手段。对于此问题，也没有什么可报告的，因为监管机构似乎没有对内容进行持续监测，只是不时地抽查。作为一个新的挑战，各监管机构还对无法识别的伪装广告形式提出了严重关切，伪装广告的形式包含在社交媒体上发布的照片和视频，或“网络红人”、博客作者以及所谓的“名人代言”中使用的其他素材。就此而言，人们对现有法

① Schaar，*supra* note 38，509.

② Email by the Rundfunk und Telekom Regulierungs-GmbH（RTR）of 22 October 2021（on file with the author）.

律的充分性表示关切，特别是对自律和自愿承诺的模式本身是否足够表示关切。[1] 总而言之，一方面是监管潜意识广告的努力，另一方面是执行相关规定的努力，两者之间似乎存在很大的不平衡。这应该被解读为对欧盟《人工智能法案》的警示，即这解释了为什么在欧盟《人工智能法案》生效之前，必须做出必要的安排，以确保对任何潜意识教化技术的部署进行有效监督，并执行其中的禁止规定。

总的来说，这种情况也引起了人们对计划中的人工智能系统禁令所具有未来效力的严重关切，因为目前尚未清楚是否、如何以及由谁来执行相关条款以确保禁令得到遵守。最有可能的是，执行将呼吁全面的监测工作，自相矛盾的是，使用已开发的人工智能系统来检测使用潜意识教化技术的人工智能系统。此外，有必要让更少但更有效的监管机构监测部署潜意识教化技术的人工智能系统的使用并确保执法，否则欧盟《人工智能法案》中的相关条款将变成“一纸空文”。

鉴于欧洲地区禁止潜意识广告有效性的不确定性，以及计划中法规的预期治外法权效应，简要了解一下欧洲监管边界之外的情况

---

① Mariacristina Reale，“Digital Market，Bloggers，and Trendsetters：The New World of Advertising Law”（2019）8（3）*Laws* 21；https：//doi.org/10.3390/laws8030021.

也将大有裨益。其他地方，如俄罗斯[①]，以及中华人民共和国[②]及中国的澳门特别行政区[③]也有类似禁令。印度也有相关规则，但并未涉及广告的统一法律准则。相反，印度依赖于印度广告标准委员会制定的自律方法，该委员会通过了《广告自律守则》，其目的也是为了“防止误导性广告”，但并未明确规定潜意识广告。[④]值得注意的是，印度广告标准委员会最近通过了《社会影响者准则》，要求披露声明清晰可见（例如，对于持续 15 秒或更短的视频，披露标签必须至少停留 3 秒），以便普通消费者能够清楚地看到它们。[⑤]一般情况下，似乎存在一个全球共识，即“营销传播应该是真实的，而非误导的”。[⑥]鉴于潜意识视频在社交媒体和视频平台上的扩散，在全球

---

① Article 5（9）Federal Law No. 38-FZ（13 March 2006）on advertising.

② Advertising Law of the People's Republic of China（2021 Amendment）[CLI Code] CLI.1.5012735（EN）; https://www.pkulaw.com/en_law/8ed14f353bf1e5fdbdfb.html.

③ Article 7（1）Macau Advertising Law [Law No. 7/89/M], Establishing the general regime of advertising activities, Official Bulletin No. 36/1989（4 September 1989）; https://bo.io.gov.mo/bo/i/89/36/lei07.asp.

④ Advertising Standards Council of India（ASCI）, "The Code for Self-Regulation of Advertising Content in India"; https://www.ascionline.in/wp-content/uploads/2022/11/asci_code_of_self_regulation.pdf.

⑤ The Advertising Standards Council of India（ASCI）, "The Guidelines For Influencer Advertising in Digital Media"; https://asci.social/guidelines.

⑥ Article 5 of the International Chamber of Commerce（ICC）, "ICC Advertising and Marketing Communications Code"（International Chamber of Commerce, 2018）; https://iccwbo.org/wp-content/uploads/sites/3/2018/09/icc-advertising-and-marketing-communications-code-int.pdf.

范围内禁止部署了潜意识教化技术的新媒体和人工智能系统也至关重要。

美国的情况很复杂，在其相关法律文献中可以找到关于过去和当前监管的相当矛盾的说法。美国在潜意识广告问题上历史悠久，因为 1957 年的詹姆斯·维卡里（James Vicary）案和《隐藏的说服者》一书就起源于美国市场。① 然而，有人认为，虽然“潜意识广告在美国引发轩然大波，但美国对神经营销的法律反应充其量只能算是避而不谈”。② 根据 2021 年的一篇报道，代表们在 1958 年提出了法案，规定在电视上使用潜意识广告是非法的，但并未组织过听证会，也没有涉及潜意识信息的法律。③

尽管如此，美国还是存在与该问题相关的一般规定。联邦法规于 1914 年设立了联邦贸易委员会（FTC），联邦贸易委员会是负责通过制止市场上的不公平、欺骗性或欺诈性行为来保护消费者的监

① Nicholas Hirshon，“A ‘Great Power’ Defended and Denounced：An Examination of Twentieth-Century Advertising and Advertising Criticism in the United States”（2020）46（3）*Journalism History* 265—283.

② Mark Bartholomew，*Adcreep*：*The Case Against Modern Marketing*（Stanford，CA：Stanford Law Books，2017）117.

③ Laura R Salpeter and Jennifer I Swirsky，“Historical and Legal Implications of Subliminal Messaging in the Multimedia：Unconscious Subjects”（2012）36（3）*Nova Law Review* 497—520，502—504.

管机构，也包含制定防止传播虚假广告的规定，这被归类于“在商业中的或影响商业的不公平或欺骗性的行为或做法”。① “虚假广告”被定义为：

> 术语“虚假广告”是指除附标签以外的广告，这类广告在一个重要方面具有误导性；在确定任何广告是否具有误导性时，应考虑到（除其他事项外）以下事项：陈述通过声明、文字、设计、装置、声音或其任何组合明确作出或暗示；包含广告未能揭示事实的程度，根据这些陈述或材料，在所述广告规定的条件下，或在习惯或通常的条件下，使用广告所涉及的商品可能产生的后果。②
>
> ……

鉴于该定义对虚假广告也使用了“误导性”一词，且纳入考虑的标准只是说明性而非详尽无遗，因此可以得出结论，广告中的潜意识信息也可能属于该禁令的范围。

---

① §52 of Section 15 of the Federal Trade Commission Act of the United States; http：//uscode.house.gov/view.xhtml?req=granuleid%3AUSC-prelim-title15-chapter2-subchapter1&edition=prelim.

② §55（a）(1）of Section 15 of the Federal Trade Commission Act of the United States，*ibid.*

在美国系统中，使问题复杂化的是美国并没有统一的广告法。相反，在如烟草、酒精、枪支、化妆品和食品等特定广告部门已经通过了几部特殊法律。即使在早期，也有人提出："电视广告的大部分说服力影响完全不能被人意识到，这种说服力影响实际上是一种对消费者决策的潜意识影响，这种影响值得联邦贸易委员会给予更密切的关注和监管。"① 关于潜意识广告有效性的争议，还有人认为："使用这种技术起初似乎对销售产品并不奏效；然而，它们在影响观看者和促进购买方面是成功的"，并以此得出结论："现在是法律承认烟草广告中潜意识信息所具有强大能力的时候了，需要颁布前述关于禁止烟草业利用潜意识的建议。"②

最近，有人再次提出，目前美国不存在明确禁止潜意识信息或神经营销形式的具体联邦法律。③ 现如今，联邦贸易委员会网站上的相关信息仅在其问答部分有一处提及潜意识广告，内容如下：

① Omer Lee Reed Jr, "The Psychological Impact of TV Advertising and the Need for FTC Regulation" (1975) 13 (2) *American Business Law Journal* 171—184, 174.

② Elena Paraskevas-Thadani, "Banning the Thought: Saving the Lungs of Children by Banning Subliminal Messages in Tobacco Advertisements" (1997—1998) 2 *Syracuse Journal of Legislation and Policy* 133—164, 140.

③ Bartholomew, *Adcreep*, *supra* note 58, 117.

> 使用潜意识广告技术是合法的吗?
>
> 如果营销人员在广告中嵌入所谓的潜意识信息，可能会影响消费者的行为，这将是一种欺骗行为。然而，大多数消费者行为专家都认为，此种方法并不奏效。①

这表明，尽管被认为无效，潜意识广告也是非法的。然而，这与上述科学发现和实验形成了鲜明对比。这也与联邦贸易委员会提供的信息相矛盾，即“根据法律规定，广告中的主张必须真实，不能有欺骗性或不公平，而且必须以证据为基础”。② 就此，最近的科学证据似乎表明，各种潜意识教化形式已经很有效，并且会在未来变得更加有效。

然而，美国过去的学术争论为未来潜意识教化技术的监管提供了丰富而肥沃的土壤。早在 1981 年，一篇关于当时被称为“潜意识传播技术”的综合分析文章就已经被发表。在阅读导言之后，有趣之处是发现了与今天辩论的相似之处：

---

① Federal Trade Commission（FTC），“Advertising FAQ's：A Guide for Small Business”；https：//www.ftc.gov/tips-advice/business-center/guidance/advertising-faqs-guide-small-business.

② Federal Trade Commission（FTC），“Advertising and Marketing”；https：//www.ftc.gov/tips-advice/business-center/advertising-and-marketing.

> 关于各种形式的行为控制所带来的道德、法律和伦理困境的辩论并非最近才出现。然而，目前这一领域的技术创新引发了对新产生问题的激烈辩论，这些问题不容易通过参考任何传统的评估问题和解决方案的框架来解决。①

这表明，当年通过不同手段部署的潜意识教化技术问题也引起了人们对整个法律体系的一致性以及不同法律法规之间具体关系的关注。

尽管没有明确禁止潜意识广告，但美国的法律体系为潜意识说服问题贡献了许多重要内容，这些内容对于了解新技术背景下的潜意识感知，以及部署了潜意识说服技术的人工智能系统颇有助益。例如，该主题在商标法领域被称为“潜意识混淆”或“潜意识商标关联”。这种类型的混淆被一些法院承认为可依据商标法提起诉讼，作为补救所谓的“难以捉摸的、认知性消费者伤害”的一种方式。②

① Olivia Goodkin and Maureen Ann Phillips, “The Subconscious Taken Captive: A Social, Ethical, and Legal Analysis of Subliminal Communication Technology” (1981) 54 (5) *Southern California Law Review* 1077—1140, 1077.

② Chi-Ru Jou, “The Peril of a Mental Association Standard of Liability: The Case against the Subliminal Confusion Cause of Action” (2006) 11 (1) *Virginia Journal of Law & Technology* 1—43, 4—9.

与潜意识广告不同，潜意识商标混淆不会误导产品的消费者，但仍会影响“买方通过无意识或潜意识的商标关联对产品的感知”。①

其他重要方面来自几个与通过视觉和听觉手段传播的潜意识信息有关的案例。除了维卡里（Vicary）的视觉爆米花实验，还有一份关于“电子良心”的报道，即以在整个商店播放的背景音乐中植入潜意识信息的形式来防止入店行窃。②

在1982年发表的一篇文章中，人们甚至发现潜意识说服无处不在，“潜意识说服的机制随着媒体技术的发展而发展”。③应该指出的是，这些技术的进步意味着人们在许多日常活动中受到潜意识信息的影响，通过电视、电影、杂志甚至百货公司“使公众接触到低于意识感知的信息”。④对潜意识劝说形式的广泛考虑，也促使人们质疑其与美国宪法第一修正案所保障的言论自由之间存在潜在冲突。⑤尤其是当这涉及潜意识信息是否属于语言或言论的概念时，因为潜

① Steven H. Hartman，“Subliminal Confusion：The Misappropriation of Advertising Value”（1988）78（4）*The Trademark Reporter* 506—522，507—508.

② Goodkin and Phillips，*supra* note 67.

③ Harry Schiller，“First Amendment Dialogue and Subliminal Messages”（1982）11（2）*New York University Review of Law and Social Change* 331—362，331 and 336.

④ Scot Silvergate，“Subliminal Perception and the First Amendment：Yelling Fire in a Crowded Mind”（1990）44（5）*University of Miami Law Review* 1243—1282，1243.

⑤ Schiller，*supra* note 71，346.

意识通常不被意识到，不会在正常对话中出现。①

潜意识信息保持隐蔽的问题也以“后向掩蔽”（backward masking）的形式出现，即在音乐中嵌入反向语音。②一般而言，在感知领域，掩蔽是指“一个刺激（目标）被另一个刺激（掩蔽者）部分或完全遮蔽”。③需要补充的是，这些刺激可以用于所有感官，这意味着它们可以是视觉图像、声音、味道、气味甚至触觉刺激。此外，掩蔽物可以在目标刺激之前（“前向掩蔽”）、之后（“后向掩蔽”）或同时（“同步掩蔽”）呈现。④这种技术与美国的几起自杀事件有关，据称这几起事件是由在摇滚和重金属音乐中嵌入掩蔽或潜意识歌词形式的潜意识信息引起的。针对摇滚乐队犹大圣徒（Judas Priest）和重金属音乐家奥茨·奥斯本（Ozzy Osbourne）的诉讼被援引得最广泛，他们被指控煽动了四名青少年自杀以及诱导另外一名青少年企图自杀。⑤值得注意的是，法院不仅审查了潜意识通信技术的历史，而且还审查了美国中央情报局对使用潜意识信息影响政

① Schiller，*supra* note 71，348.

② Christopher C. French，*Paranormal Perception：A Critical Review*（London：The Institute for Cultural Research，2006）4.

③④ David Matsumoto（ed.），*The Cambridge Dictionary of Psychology*（Cambridge：Cambridge University Press，2009）624.

⑤ Juliet Dee，“Subliminal Lyrics in Heavy Metal Music：More Litigation，Anyone”（1994）16（3）*Communications and the Law* 3—24，3.

治选举结果的明显兴趣。[①] 由于被“骗局”或“阴谋论”的误导性标签所掩盖，今天仍然很难找到关于美国中央情报局在涉及潜意识和精神控制实验中活动的可靠信息，比如美国中央情报局企图控制人类思想的 MKUltra 计划，尽管后来证实 MKUltra 计划确实存在。[②]

尤其是针对摇滚乐队犹大圣徒的案件，在文献中被广泛宣传和评论。[③] 最后，尽管在相关音乐中发现了一些潜意识信息，该诉讼并没有要求犹大圣徒乐队对青少年的死亡承担责任，因为“原告在证明‘意图’要素方面的证据不足”。[④] 这些三十年前的先例在人工

---

① Juliet Dee，“Subliminal Lyrics in Heavy Metal Music：More Litigation，Anyone”（1994）16（3）*Communications and the Law* 3—24，3.

② Select Committee on Intelligence，*Project MKUltra*，*the CIA's Program of Research in Behavioural Modification*（Washington：U.S. Government Printing Office，1977）；see also Jaron Harambam，*Contemporary Conspiracy Culture*：*Truth and Knowledge in an Era of Epistemic Instability*（Abingdon，Oxon：Routledge，2020）17—18.

③ Howard L Wolk，“You Won't Know It When You See It：An Essay on Subliminal Communication and First Amendment Theory”（1990）23（4）*Columbia Journal of Law and Social Problems* 523—550，Richard Fitzer，“Do Ozzy Osbourne and Judas Priest Contribute to the Market Place of Ideas？”（1991）1（1）*DePaul Journal of Art*，*Technology & Intellectual Property Law* 2—11，Laura A Lyon，“Subliminal Song Lyrics as Product Defects”（1991）96（1）*Dickinson Law Review* 125—148，Pamela Marsden Capps，“Rock on Trial：Subliminal Message Liability”（1991）1 *Columbia Business Law Review* 27—50，Dee，*supra* note 78，and Nicole Grattan Pearson，“Subliminal Speech：Is It Worthy of First Amendment Protection”（1995）4（3）*Southern California Interdisciplinary Law Journal* 775—806.

④ Matthew W. Daus，“Subliminal Messages in Music：Free Speech or Invasion of Privacy”（1992）9（2）*University of Miami Entertainment And Sports Law Review* 241—296，245.

智能生成音乐领域可能会再次变得更加相关。音乐不仅被称为最令人尊敬的艺术形式之一，它还在“潜意识层面传达思想和情感”。[①]在商店里播放背景音乐已被证明能带来更高的销售额。[②]因此，如果使用算法的人工智能已经可以使音乐创作自动化，那么它也将有可能强化潜意识信息可以被添加到这种艺术形式中的模式，这种情形很大程度上已经在意识的各个层面上运作。已经有研究表明，音乐对听众有影响，而且“确实与反社会结果相关”。[③]这些研究证实了早期关于暴露于潜意识刺激的影响的发现。[④]人们发现，在重复曝光的情况下，这些影响更大。对于此，一个对目前禁止潜意识教化技术而言也很重要的发现是，不仅潜意识刺激在频繁闪现时更具侵扰性，而且“在潜意识条件下获得的暴露效果比受试者意识到重

---

① Saurabh Malgaonkar et al.,“An AI Based Intelligent Music Composing Algorithm: Concord”(2013) *International Conference on Advances in Technology and Engineering* (*ICATE*) 1—6; https: //doi.org/10.1109/ICAdTE.2013.6524723.

② Charles S. Areni and David Kim, “The Influence of Background Music on Shopping Behavior: Classical Versus Top-Forty Music in a Wine Store”(1993) 20 *NA—Advances in Consumer Research* 336 340.

③ Lindsay M. Timmerman et al.,“A Review and Meta-Analysis Examining the Relationship of Music Content with Sex, Race, Priming, and Attitudes”(2008) 56 (3) *Communication Quarterly* 303—324, 320.

④ Robert F. Bornstein, Dean R. Leone and Donna J. Galley, “The Generalizability of Subliminal Mere Exposure Effects: Influence of Stimuli Perceived Without Awareness on Social Behavior”(1987) 53 (6) *Journal of Personality and Social Psychology* 1070—1079, 1076.

复暴露时更明显”。[1]这构成了禁止潜意识教化技术的有力论据，而不仅仅是为了满足透明度要求而使其显露出来。

然而，长话短说，这些案例显示了潜意识说服问题在科学和法律领域的整体复杂性。从科学的角度出发，潜意识说服反映了对大脑、认知和语言的有限理解，以及对物质成分的关注，这一点受制于科学的不统一，转化为不同学科之间对这个问题缺乏普遍的科学共识。[2]从法律的角度出发，问题也类似。在法律中，潜意识说服的各种形式或技术与法律忽视或不愿意接受无形的、情感的或其他非物质关注的普遍倾向相冲突，所有这些冲突都因目前法律的碎片化和对“视觉中心主义”——即“在认识论上将视觉置于其他人类感官之上”的过度关注而加剧。[3]对法律未来而言，这意味着与科学联手，寻求更好地协调不同法律之间的相互关系，例如那些关于言论自由和思想自由的法律，以及关于人工智能、隐私、产品责任、广告、商标和侵权等的法律。鉴于经常出现的过度监管和立法热情的倾向，自相矛盾的是，减少监管可能更有利于达到预期结果，也

---

① R.B. Zajonc，“Mere exposure”，*supra* note 22，225.

② J.J. C. Smart，“Sensations and Brain Processes”（1959）68（2）*The Philosophical Review* 141—156，142.

③ Katrina G. Geddes，“Ocularcentrism and Deepfakes：Should Seeing Be Believing？”（2021）31（4）*Fordham Intellectual Property*，*Media and Entertainment Law* 1042—1083，1042.

更容易达到监管的确定性和整体可预测性。

三、潜意识的感知和感官：在个体性和统一性之间

使潜意识说服问题进一步复杂化的是，它不仅涉及此类信息的发送者，也涉及接收者，此类信息主要通过人类的感官设备传达。换言之，人工智能将极大地改变潜意识里传输内容和信息的手段，但不是仅仅影响一个感官渠道。可以预计，正在开发的不同设备和应用将能够刺激一个、两个或更多感官，还可以同时刺激所有感官。这也要求我们更仔细地观察接收者的一面，以及人工智能对感官的影响，无论是单独的抑或综合的影响。

截至目前，大多数给出的潜意识信息例子都属于视觉或听觉性质。只是偶尔提到其他感官，如嗅觉、味觉和触觉，这些感官同样容易受到潜意识的影响。这一点很重要，因为在头脑接触到潜意识教化技术之前，信息就已经被感官所捕捉。因此，为了确定一个信息是否属于“潜意识”，即低于意识的阈值，需要对每个单独的感官进行不同的评估。对此的一个特殊问题是，历史上感官的数量被固定为五种，即看、听、摸、尝和闻。① 存在的另一个问题是，这五

① Fiona Macpherson，“Taxonomising the Senses”（2011）153（1）*Philosophical Studies*：*An International Journal for Philosophy in the Analytic Tradition* 123—142.

种感官中的每一种在传统上都被孤立的研究。① 因此，我们似乎知道每个感官的确切信息传输率，其范围从视觉的每秒 10000000 比特到味觉的每秒只有 1000 比特。② 这也可以解释为什么视觉通常被排在首位，也可以解释为什么法律赢得了过于“以眼睛为中心”的批评。③ 仅限于五种感官和孤立地研究每种感官似乎都有问题，并受到以下批评性质疑：

> 我们经常认为，我们的感官是相互独立的。然而，这种不成熟的观点至少存在四个问题。首先，我们对周围世界的体验是一种丰富的多感官体验。正常情况下，我们的感官不断被信息淹没……其次，我们的感觉似乎以某种方式汇集成一个统一

---

① Jon Driver，Martin Eimer and Emiliano Macaluso，“Cross-Modal Consequences of Human Spatial Attention” in Laurent Itti，Geraint Rees，and John K. Tsotsos（eds.），*Neurobiology of Attention*（Amsterdam：Elsevier，2005）187—196，187，Iiro P. Jääskeläinen，*Introduction to Cognitive Neuroscience*（London：Bookboon.com，2012）86，and Lars Kjelldahl，*Multimedia*：*Systems*，*Interaction and Applications*（Berlin：Springer-Verlag Berlin，1992）41.

② Raghunath Tiruvaipati，*Information Theory of the Cosmos*：*How the New Science of Information Changes Our Understanding and Perception of the Universe*（New Delhi：Educreation，2018）37.

③ Lionel Bently，“Introduction” in Lionel Bently and Leo Flynn（eds.），*Law and the Senses*：*Sensational Jurisprudence*（London：Pluto Press，1996）3.

的经验。我们目睹的大多数事件的景象和声音似乎并非来自两个独立的信息流；事实上，它们似乎不可分割。第三个问题是，感官不只在某处汇合；它们还相互影响……怀疑感官独立性的第四个理由在于，对某些人而言，一种感官模式的刺激实际上可能引起一种以上模式的知觉经验。①

换言之，尽管感官各自不同，但它们也相互影响，并有可能产生一种综合的或多感官体验，这种体验不仅仅是单个感官体验的总和。这种对现实的多感官体验也被“联觉”（synaesthesia）所捕捉，解释了为什么更仔细地研究各个感官之间相互作用和相互影响的不同方式至关重要。

首先是视觉，鉴于视听媒体的盛行，视觉和听觉之间的互动可能会愈加频繁。它们之间互动的一个例子暴露于语音感知中，与第一印象相反，语音感知并不完全是一个听觉过程。在一项以*“听到嘴唇和看到声音”*为题发表的研究中，人们发现，即使是语音感知也涉及以嘴唇运动为形式的视觉元素；这被称为麦格克效应

① Noam Sagiv，Roger T. Dean，and Freya Bailes，“Algorithmic Synesthesia” in Roger T. Dean（ed.），*The Oxford Handbook of Computer Music*（Oxford：Oxford University Press，2009），294—311，294.

（McGurk effect）。[①] 显而易见的是，面部表情、手势和身体语言作为一个整体也为听到内容的含义提供了视觉线索。身体语言甚至被称为“可见的思想”。[②] 这也是对面部识别技术应用于语音识别潜在后果的一个重要提醒。已经存在的技术允许人们从无声的视频或电影录音中读出嘴型，通过从说话者的嘴部运动中解码文字。[③] 例如，这种技术的潜力表现在，仅根据嘴唇的动作就能成功破译阿道夫·希特勒（Adolf Hitler）在私人无声电影录音中所说的话。[④] 令人惊讶的是，同样的技术甚至适用于中文普通话等基于音调的语言。这一发现确实令人大吃一惊，因为音调语言显然大大增加了唇读任务的歧义性。[⑤] 长期以来，新的生物识别技术出现，与视频监控等其他技术相结合，引起了人们对普遍隐私权或将隐私权扩展到公共领域

---

① Harry McGurk and John MacDonald, “Hearing Lips and Seeing Voices”（1976）264 *Nature* 746—748, 746.

② Geoffrey Beattie, *Visible Thought*: *The New Psychology of Body Language*（London: Routledge, 2004）1.

③ Yannis M. Assael et al., “LIPNET: End-to-End Sentence Level Lipreading”（2016）*arXiv*: *1611.01599* 1—13, 1; https: //arxiv.org/abs/1611.01599.

④ Neil Midgley, “New technology catches Hitler off guard” *The Telegraph*（22 November 2006）; https: //www.telegraph.co.uk/news/uknews/1534830/New-technology-catches-Hitler-off-guard.html.

⑤ Ya Zhao, Rui Xu, and Mingli Song, “A Cascade Sequence-to-Sequence Model for Chinese Mandarin Lip Reading”（2019）*arXiv*: *1908.04917* 1—6, 1; https: //arxiv.org/abs/1908.04917.

的关注和呼吁。[①] 简而言之，这表明，看似矛盾的是，交流既是语言的，也是非语言的，因为我们在语音感知方面不仅依靠耳朵，也依靠眼睛。视觉和声音之间的另一种互动形式发生了，因为光的传播速度比声音快。对此，有人观察到，“在同一时间点到达观察者的事件的视觉和听觉信号往往会在知觉上结合起来，即使这些信号的来源不可能同时发生”。[②]

然而，视觉不仅与听觉相互作用，还与其他感官如触觉相互作用，这也被称为“躯体感觉系统”（somatosensory system）。躯体感觉系统在此意义重大，首先在于它体现了传统五种感官计数的局限性。“躯体感觉”的概念比触摸的概念更广泛，因为从词源上看，意为身体的感觉。[③] 这种感觉显然涉及更复杂的任务，并解释了为什么它与其他四种感觉不同，其他四种感觉的受体定位在紧凑的感觉器官中（耳朵负责听觉，眼睛负责视觉，鼻子负责嗅觉），而“触摸及其同类感觉的受体分布在整个皮肤和身体内部”。[④] 这意味着体感系统

---

① Christopher S. Milligan，“Facial Recognition Technology，Video Surveillance，and Privacy”（1999）9（1）*Southern California Interdisciplinary Law Journal* 295—334，333.

② Derek H. Arnold，Alan Johnston and Shinya Nishida，“Timing sight and sound”（2005）45 *Vision Research* 1275—1284，1284.

③ Ernest Klein，A Comprehensive Etymological Dictionary of the English Language（Amsterdam：Elsevier，1966）1472.

④ Carl Sherman，“The Senses：The Somatosensory System” *Dana Foundation*（12 August 2019）；https：//dana.org/article/the-senses-the-somatosensory-system/.

拥有最大的感觉器官，它对“包括机械、热和化学刺激等最多样的感觉刺激作出反应”。① 这些刺激提供了包括以下信息在内的大量信息：身体部位的运动（本体感觉）、温度（热觉）、触摸（皮肤机械感觉），以及疼痛（痛觉）、瘙痒（瘙痒的感觉）和内部器官功能的感觉（互感）。② 由于这些多重任务，躯体感觉系统也被发现是“感官系统中独一无二的，因为它必须向中枢神经系统（CNS）传达有关外部和内部感官环境的信息”。③

躯体感觉系统的总体复杂性通过其与其他感官的互动而增加。以视觉为例，人们发现，大脑将对纯视觉刺激的感知与对“暗示着触觉和本体信息”刺激的感知联系起来。④ 另一个模拟这种现象的实验是“橡胶手幻觉”（rubber hand illusion），受试者将一只人造手体验为自己身体的一部分，因为他们同时看到和感觉到自己隐藏的手和一只假的橡胶手被抚摸的平行感觉。⑤ 这两种感觉的结合造成

---

①② Luo，Liqun，*Principles of Neurobiology*，2nd ed.（Boca Raton，FL：CRC Press，2021）260.

③ Randall J. Nelson，“Preface” in Randall J. Nelson（ed.），*The Somatosensory System：Deciphering the Brain's Own Body Image*（Boca Raton，FL：CRC Press，2001）.

④ Kaspar Meyer et al.，“Seeing Touch Is Correlated with Content-Specific Activity in Primary Somatosensory Cortex”（2011）21 *Cerebral Cortex* 2113—2121，2121.

⑤ M.P.M. Kammers et al.，“The rubber hand illusion in action”（2009）47 *Neuropsychologia* 204—211，204.

了假手是自己手的印象，这种现象可能会延伸至今日的手持电子设备上。作为一个简短的总结，下面这句话很好地解释了视觉感官和触摸之间的互补关系：

> 躯体感觉系统提供有关我们身体内部世界的信息，而视觉系统则告诉我们有关我们身体所处的和活动的外部世界的情况。[①]

这对科技的未来而言也意义重大，因为触觉已经开始通过新技术在众多领域发挥重要作用，如机器人和虚拟手术、触觉警报信号（如唤醒昏昏欲睡的司机）和触觉产品设计（让人“感觉”良好的产品），这里仅举几例。[②] 事实上，触觉和多感官感知已经在许多应用、产品或体验中扮演着至关重要的角色，而且这些应用的数量和用途在未来只可能增加。

在嗅觉和味觉方面也有类似的相互作用，包括混淆和相互加强，并且也都有相关报道。这不足为奇，因为对味道的感知被称为“我

---

① William H. Edwards，*Motor Learning and Control*：*From Theory to Practice*（Belmont，CA：Wadsworth，2011）76.

② Alberto Gallace and Charles Spence，*In touch with the future*：*The sense of touch from cognitive neuroscience to virtual reality*（Oxford：Oxford University Press，2014）203，234，and 250.

们日常生活中最常见的感官体验”，而且感官体验皆基于复杂的多感官互动，依赖于人类所有感官提示的整合。[①] 例如，黑咖啡可能因其苦味而被人厌恶，而咖啡的气味却被认为是令人愉悦的。在榴莲和世界各地的许多其他食物中都可以体验到类似现象。此外，这也显示了场景的相关性，因为同样的臭味，“如果归因于奶酪，可能是令人愉快的，但如果归因于腐烂的肉，则是不愉快的”。[②] 因此，气味和味道也会被混淆，但最重要的是，这证明了“味道和气味在口腔中相互作用，产生味觉增强和抑制的效果”。[③] 在味觉和口感，以及声音或音符中，也发现了类似的关联。[④] 就嗅觉和视觉而言，在“变化盲视”或“无能力注意到相当重要的刺激变化”中也发现了类似的混淆现象。[⑤] 同样有趣的是，此场景中潜意识气味“对人类的

---

① Charles Spence，“Multisensory Flavor Perception”（2015）161 *Cell* 24—35，24.

② Paul Rozin，“‘Taste-smell confusions’ and the duality of the olfactory sense”（1982）31（4）*Perception & Psychophysics* 397—401，397.

③ Richard J. Stevenson，John Prescott and Robert A. Boakes，“Confusing Tastes and Smells：How Odours can Influence the Perception of Sweet and Sour Tastes”（1999）24（6）*Chemical Senses* 627—635，633.

④ Anne-Sylvie Crisinel and Charles Spence，“As bitter as a trombone：Synesthetic correspondences in nonsynesthetes between tastes/flavors and musical notes”（2010）72（7）*Attention*，*Perception*，*& Psychophysics* 1994—2002.

⑤ Richard J. Stevenson，“Olfactory illusions：Where are they？”（2011）20 *Consciousness and Cognition* 1887—1898，1894—1895.

行为和感知有深刻影响”[①]的发现。

每一种感官都允许超意识和潜意识接收信息，这使得感官的混淆问题变得愈加复杂。此外，已经确定的是，“来自一种感官的信息有可能影响我们对另一种感官信息的感知，这一过程被称为多模态感知”。[②]这不仅对有意识知觉，而且对单个感官潜意识层面的知觉也意义重大。即使就每一个单独的感官而言，也发现存在各种形式的潜意识感知。

首先，潜意识感知不仅仅局限于视觉领域，如转速表；或声音领域，如后向掩蔽。现如今，气味营销领域也有许多使用潜意识嗅觉广告技术的案例。气味营销在古代就已为人所知，但是时至今日它往往通过“空气设计”的方式实现，空气设计这一概念描述了“为气味营销设计香水和安装气味分配系统”的过程。[③]在这方面，也证实了“香水销售室有助于提高销售额”。[④]此外，嗅觉领域的技术发展，如电

---

① Lee Sela and Noam Sobel, “Human olfaction: a constant state of change-blindness” (2010) 205 *Experimental Brain Research* 13—29, 13.

② Adam J. Privitera, “Sensation and perception” in Robert Biswas-Diener and Edward Diener (eds.), *Noba Textbook Series*: *Psychology* (Champaign, IL: DEF publishers, 2021); http: //noba.to/xgk3ajhy.

③④ Bernadette Emsenhuber, “Scent Marketing: Making Olfactory Advertising Pervasive” in Jörg Müller, Florian Alt and Daniel Michelis (eds.), *Pervasive Advertising* (Springer 2011) 343—360, 344.

子鼻（“e-noses”），可以追溯至很久之前，不仅在食品领域（如监测食品的质量），而且在医学领域也有很大的应用前景。[①]

虽然探索较少，但潜意识的味道，或所谓的“味觉”感觉及其在人脑中的反映，也已被研究。然而，这里得出的结论是，为了更全面地了解潜意识味觉处理，研究有必要继续，特别是对“各种潜意识味觉质量、强度和价值，以及对其他感官，如体感的影响”。[②] 此领域将愈发重要，因为被称为电子味觉界面或“电子舌头”（即舌头电刺激装置）的新技术最终将使电子产生不同的感觉成为可能。电子味觉传感器已经被用于确保病人根据其味觉接受药物。[③] 然而，未来的发展可能很快就能使人们能够“在互联网上以数字方式体验味道，就像在网上体验文字、音频和视觉一样”。[④]

---

① M. Ghasemi-Varnamkhastia et al.，“Potential application of electronic nose technology in brewery”（2011）22（4）*Trends in Food Science & Technology* 165—174，168 and Erica R. Thaler and C. William Hanson，“Medical applications of electronic nose technology”（2005）2（5）*Expert Review of Medical Devices* 559—566，559.

② Camilla Arndal Andersen et al.，“EEG discrimination of perceptually similar tastes”（2019）97 *Journal of Neuroscience Research* 241—252，252.

③ Abeer H.A. Mohamed-Ahmed et al.，“Non-human tools for the evaluation of bitter taste in the design and development of medicines：a systematic review”（2016）21（7）*Drug Discovery Today* 1170—1180，1179.

④ Adrian David Cheok and Kasun Karunanayaka，*Virtual Taste and Smell Technologies for Multisensory Internet and Virtual Reality*（Cham：Springer，2018）2.

在触觉和潜意识触觉方面也有类似研究。例如，在两家餐馆进行的实验中发现，轻轻地、不显眼地触碰食客的手或肩膀的女服务员获得的小费更高。[①] 在另外的一个找出潜意识触觉刺激能否影响人类对这类刺激偏好的研究中，这一点也被研究结果所证实。[②] 由于潜意识的触觉线索被发现对决策有影响，因此也可以应用于各种物体的设计中，特别是与“包装、纺织品、墙面、舒适的服装以及整体的任何可触摸环境”有关的设计中。[③] 所提到的进一步可能的应用是“在复杂任务执行的背景下，当代替指令时，可以为所需的物体 / 界面 / 手柄等指定首选的属性”。[④] 这也将通过“虚拟现实中的互动和远程遥控应用”打开进一步应用的领域。[⑤] 与其他感官一样，触摸或触觉正在通过“电子皮肤”得到发展，电子皮肤是“可以通过材料和结构设计的组合来模仿和再现人类皮肤各种特性的一种电子设备，因而对智能机器人、物联网（IoT）和人机界面具有深

---

① Diane Ackerman，*A Natural History of the Senses*（New York：Vintage Books，1990）122—123.

② Marcos Hilsenrat and Miriam Reiner，“The impact of subliminal haptic perception on the preference discrimination of roughness and compliance”（2011）85 *Brain Research Bulletin* 267—270，269.

③④ *Ibid*，270.

⑤ *Ibid*，420.

远影响”。[①]

基于每个感官孤立地进行潜意识感知的发现，有趣的是，已经发现各个感官不仅相互干扰，而且还完全强化了体验。这一发现证实了多感官体验的重要性，也对现如今及未来的经济有很大的实际参考意义。一般而言，经济已经出现了从经济产品的有形性到无形性的逐渐转变，这一点已经被创意经济的概念所捕捉。[②]在法律上，多边贸易体系的演变，从货物贸易到服务贸易，特别是将知识产权纳入贸易，已经承认了无形性的崛起。同样的趋势将持续，无形的认知有望在所谓的“体验经济”中发挥更大的作用，“体验经济”意指从销售传统的商品和服务过渡到销售体验，通过将体验包裹在传统的经济产品中，以期更好地销售它们。正是在此种情形下，多感官体验被强调为企业的一个重要工具，正如以下发现所总结的那样：“感官越丰富的体验，就越令人难以忘怀。”[③]

吸引几种或所有感官的主要想法是为了提高客户体验，这最终

① Chunfeng Wang，Caofeng Pan，and Zhonglin Wang，“Electronic Skin for Closed-Loop Systems”（2019）13 *ACSNano* 12287—12293，12287.

② John Howkins，*The Creative Economy*：*How People Make Money From Ideas*（London：Penguin，2002）xiii—xiv.

③ B. Joseph Pine II and James H. Gilmore，*The Experience Economy*：*Work is Theatre & Every Business a Stage*（Boston：Harvard Business School Press，1999）59.

会转化为回头客和更高的利润。例子包括发型师使用洗发水和乳液，“不仅仅是为了造型，而是因为这为顾客的体验增加了更多的触觉感受”。[①] 同样地，赌场也会添加香料，因为研究发现，在可接触到令人愉悦香气的区域，老虎机的收入会增加。[②] 在包装设计领域也有类似的发现，多感官可以增强市场营销和客户体验。[③] 此领域中一个有趣的潜意识例子是品牌名称的字体特征可以在观看者的脑海中设定特定的期望；例如，可口可乐瓶子上标志性的*斯宾塞字体*（Spencerian Script）的圆度会与甜味饮料的存在相联系。[④] 一项关于有意识和无意识暗示的研究表明，“被掩盖的品牌标志（例如，麦当劳的标志）有能力暗示其品牌名称（例如，麦当劳），而且，值得注意的是，也能暗示与该品牌相关的词汇”。[⑤] 甚至颜色的潜意

---

① B. Joseph Pine II and James H. Gilmore, *The Experience Economy: Work is Theatre & Every Business a Stage*（Boston: Harvard Business School Press, 1999）59.

② Lana Lam, “Casinos get a whiff of dollars and scents: a nose for business, or just fragrant exploitation?” *South China Morning Post*（*Hong Kong*）（1 May 2011）1.

③ Carlos Velasco and Charles Spence, “Multisensory Product Packaging: An Introduction” in Carlos Velasco and Charles Spence（eds.）, *Multisensory Packaging: Designing New Product Experiences*（Cham: Palgrave Macmillan, 2019）1—18, 4.

④ Carlos Velasco and Charles Spence, “The Role of Typeface in Packaging Design” in Carlos Velasco and Charles Spence（eds.）, *Multisensory Packaging: Designing New Product Experiences*（Cham: Palgrave Macmillan, 2019）79—101, 81.

⑤ Gigliola Brintazzoli, “Conscious, but not unconscious, logo priming of brands and related words”（2012）21 *Consciousness and Cognition* 824—834, 824.

识信息也被发现提供了一种“在品牌设计中传达意义和信息的即时方法”。①

加强感官体验以使其更令人难忘的潜在缺点是，它也可能导致“设计成瘾”，正如已经被证实存在于赌博机中的情况。②设计和行为上瘾之间的联系也在社交网站和“无手机恐慌症”（Nomophobia，no mobile phone phobia）的背景下被讨论。③正如泄露的“脸书文件”所揭示的，虚拟元宇宙的计划也被发现建立在成瘾性之上。④

毫无疑问，感官之间还有更多的相互作用，潜意识的、有意识的，抑或有可能是同意识、跨意识的，甚至是“超意识”的，其中的许多可能会对以最佳方式判断现实极为重要。在航空医学中可以找到这些感官互动和相关错觉的非常好的实际例子。⑤在航空领域，

① Faten Farouk Atrees，“The concept of subliminal messages in Brand design”（2013）3（1）*International Design Journal* 23—28，26.

② Natasha Dow Schüll，*Addiction by Design：Machine Gambling in Las Vegas*（Princeton，NJ：Princeton University Press，2012）14.

③ Eliana Bergamin，*Social network sites addiction by design：a compatibilist free-will analysis towards policy intervention*（Master Thesis）（Enschede：University of Twente，2021）24 and 31；http：//purl.utwente.nl/essays/88302.

④ Raf Casert and Kelvin Chan，“Facebook whistleblower warns that metaverse will be ‘addictive’ ” *WDSU News*（9 November 2021）；https：//www.wdsu.com/article/facebook-whistleblower-warns-that-metaverse-will-be-addictive/38200565#.

⑤ Jorg Draeger and Jürgen Kriebel（eds.），*Praktische Flugmedizin*（Landsberg：ECOMED，2002）82—83.

这些错觉“造成了飞行员在仪器上看到的东西和飞行员感觉到的东西之间的感官冲突”，这需要决定依靠哪种感官。①

总而言之，感官的作用和互动也引起了许多关于感官之间可能存在等级的哲学和科学争论。② 鉴于不同感官之间的互动具有多种形式，试图在它们之间建立一个严格的等级制度毫无意义。更多的是场景决定了一种感官对另一种感官的可能优先性，就像不同的艺术形式对不同的感官有吸引力一样，如视觉艺术对眼睛、音乐对耳朵、造型艺术对体感。然而，大多数艺术形式结合了两种或更多的感官，甚至涉及所有感官，正如德语 *Gesamtkunstwerk* 概念所反映的。这个词可以翻译为“整体艺术作品”，最早由德国哲学家卡尔·特拉恩多夫（Karl F.E. Trahndorff）创造，用来描述所有艺术的共同愿望，即以一种与它们内在生命统一性相对应的方式来整合。③ 最近，它的含义被恰如其分地解释如下：

---

① Federal Aviation Administration（FAA），*Spatial Disorientation*，4；https：//www.faa.gov/pilots/safety/pilotsafetybrochures/media/SpatialD.pdf.

② Danijela Kambaskovic-Sawers and Charles Wolfe，“The Senses in Philosophy and Science：From the Nobility of Sight to the Materialism of Touch” in Herman Roodenburg（ed.），*A Cultural History of the Senses in the Renaissance*（London：Bloomsbury，2019）107—125.

③ Karl F.E. Trahndorff，*Aesthetik oder Lehre von der Weltanschauung und Kunst*（Berlin：Maurer，1827）312.

> 翻译成“全部的艺术作品”，艺术理论和美学中的 Gesamtkunstwerk 指的是歌唱、舞蹈、诗歌、绘画、雕塑和建筑等不同艺术形式的综合，以及以上“全部”表演提供的多感官和深度沉浸式体验。①

以一种永恒的方式，创造整体艺术作品的愿望也在人工智能和机器人时代继续延续，表现为当代媒体艺术或 2015 年上演的《*机器人歌剧*》，一个“为八个半自动机器人演员表演的机器人歌剧”。②

然而，在感官之间复杂的相互作用的背景下，回顾以下两点与感官等级有关的内容也极为重要：

> 感官等级既是一种文化建构（因此基于意识形态的前提），也是人类系统发育的产物（直立的身体姿势，具有大脑性能的特定物种增加）和文明进程中发生的技术变化（口头文化被书

---

① Sylvia J. Martin，“Michael Jackson's Gesamtkunstwerk：Artistic Interrelation，Immersion，and Interactivity：From the Studio to the Stadium”（2015）11（5）*Liminalities：A Journal of Performance Studies* 1—34，2.

② Wade Marynowsky，Julian Knowles，and Andrew Frost，“Robot Opera：A Gesamtkunstwerk for the 21st Century” in Jeffrey T.K.V. Koh et al.（eds.），*Cultural Robotics*（Cham：Springer，2016）143—158.

面文化取代，印刷术的发明等）。①

人类（认知）进化和技术变革的作用尤其值得强调，因为这两个因素似乎不仅密切相关，而且与目前人工智能的监管背景息息相关。技术的进化一直与人类的进化紧密相连。② 从外部来看，让·鲍德里亚（Jean Baudrillard）将技术描述为思想对身体的延伸，突出了这种纠缠。③ 因此，望远镜和显微镜成为眼睛的延伸，车辆成为人类运动的延伸，甚至医疗技术也成为身体重要内部功能的延伸，如呼吸器代表肺部，起搏器代表心脏。④ 许多这些健康设备现如今也已经升级，使用人工智能（如“医疗物联网”）来增强人体功能：例子有智能心脏起搏器、智能袜子（即婴儿监视器）、人工瓣膜、大脑和脊椎电刺激器或计算机化的人工肢体，这些都导致了进一步的风

① Robert Jütte，*A History of the Senses*：*From Antiquity to Cyberspace*（Cambridge：Polity，2005）61 [footnote omitted] .

② Sarah Kaplan and Mary Tripsas，“Thinking about technology：Applying a cognitive lens to technical change”（2008）37 *Research Policy* 790—805.

③ Jean Baudrillard，*Symbolic Exchange and Death*（Los Angeles：SAGE，1993）178.

④ Regis A. De Silva，“End-of-Life Legislation in the United States and the Semiotics of the Female Body” in Sarah Earle，Carol Komaromy，and Caroline Bartholomew（eds.），*Death and Dying*：*A Reader*（London：Sage，2009）25—33，27.

险。[1] 对新型冠状病毒大流行的应对进一步加速了人工智能、物联网、大数据、高级分析技术以及机器学习的使用。[2]

人类自然倾向于将外在的人工事物视为自己的一部分，这一点被橡皮手幻觉实验所证明。[3] 因此，人工智能确实可以被看作是人类思维的延伸，这与人工智能作为人类思维模仿者的特征也十分吻合。模仿产生了一个悖论，但最终将涵盖认知的有意识和无意识方面。[4] 这也符合用"黑盒子"来描述大脑和计算机中秘密过程的比喻。[5] 反

---

① Linda F. Hogle，"Enhancement Technologies and the Body"（2005）34 *Annual Review of Anthropology* 695—716 and Nicole M. Thomasian and Eli Y. Adash，"Cybersecurity in the Internet of Medical Things"（2021）10（3）*Health Policy and Technology* 1—9.

② Raju Vaishya et al.，"Artificial Intelligence（AI）applications for COVID-19 pandemic"（2020）14 *Diabetes & Metabolic Syndrome*：*Clinical Research & Reviews* 337—339；https：//doi.org/10.1016/j.dsx.2020.04.012 and Nishita Mehta and Sharvari Shukla，"Pandemic Analytics：How Countries are Leveraging Big Data Analytics and Artificial Intelligence to Fight COVID-19？"（2022）3（54）*SN Computer Science* 1—20；https：//doi.org/10.1007/s42979-021-00923-y.

③ Gallace and Spence，*supra* note 110，183—185.

④ Eugene Piletsky，"Consciousness and Unconsciousness of Artificial Intelligence"（2019）11 *Future Human Image* 66—71，70；https：//doi.org/10.29202/fhi/11/7.

⑤ Bernice B. Donald and Erica Bakies，"A Glimpse inside the Brain's Black Box：Understanding the Role of Neuroscience in Criminal Sentencing"（2016）85（2）*Fordham Law Review* 481—502，501—502；and Frank Pasquale，*The Black Box Society*：*The Secret Algorithms that Control Money and Information*（Cambridge，MA：Harvard University Press，2015）.

过来，即使是计算机现在也被描述为有“潜意识”，① 甚至使用“潜意识通道”。② 正如人类思想一样，这些智能机器也可以通过使用对抗性图像甚至音频来实现操纵和误导。③ 技术作为人体延伸的概念化也与 *homo faber** 的一般概念产生了共鸣，罗马作家阿皮乌斯·克劳迪乌斯·卡埃克斯（Appius Claudius Caecus）将此词描述为能够塑造她/他自己的命运的人（Homo faber suae quisque fortune）。④ 亨利·柏格森（Henri Bergson）也用 *homo faber* 这个词将智能定义为“制造人造物品的能力”⑤，这很符合人工智能的情形。

这些类比绝非从思想到工具的单行道。它们同样引出了这样一个问题：这些新颖的“工具”或“玩具”，如计算机、数字技术、人

---

① Robert C. Schank，“The Computer's Subconscious”（2008）23（3）*Applied Artificial Intelligence* 186—203，190 and 203.

② Alexander Hartl et al.，“A Subliminal Channel in EdDSA：Information Leakage with High-Speed Signatures”（2017）*MIST '17：Proceedings of the 2017 International Workshop on Managing Insider Security Threats* 67—78，67；https：//doi.org/10.1145/3139923.3139925.

③ Yehao Kong and Jiliang Zhang，“Adversarial Audio：A New Information Hiding Method and Backdoor for DNN-based Speech Recognition Models”（2019）*arXiv* 1—12，3；https：//arxiv.org/abs/1904.03829.

* 译者注：*homo faber* 一词曾于文艺复兴时期首次被广泛使用，用以称颂人类的无限创造力。

④ Gaius Sallustius Crispus，*Coniuratio Catilinae Et Bellum Jugurthinum*（Venice：Aldus，1563）95 and Henryk Hoffmann，*Latin in Modern Fiction：Who Says It's a Dead Language*？（Wilmington，DE：Vernon Press，2021）261.

⑤ Henri Bergson，*Creative Evolution*（New York：Henry Bolt，1911）139.

工智能和增强现实，将如何在认知上影响未来思想的感官和感知。[①] 目前，感官的未来也许最能体现在联觉（synesthesia）的概念上，这意味着感官之间的互动增强和更加统一。从技术角度出发，联觉可以被看作增强现实背后的原始愿望以及感觉器官在未来的延伸。这些类比也起到了重要的警示作用，即不仅应该就技术如何外化人类生存的重要特征进行公开辩论，而且还应该就我们如何反过来寻求内化这些特征的方法进行辩论。

此外，技术中可见的人类智能和人工智能进化的平行趋势也反映在语言的变化中。[②] 语言和技术之间的类比反映在技术的平行融合、语言中波特曼特词和矛盾词的使用，以及对感官的共同考虑中。由于语言通过工程隐喻影响了技术的研究和设计，同样的类比也延伸到了法律上，这就是对人工智能的拟议监管。[③] 更广泛而言，语言，特别是隐喻，被视为技术和人类思维之间联系的一种表现。[④]

---

① Lorenzo Cecutti，Anthony Chemero and Spike W. S. Lee，“Technology may change cognition without necessarily harming it”（2021）5 *Nature Human Behaviour* 973—975，974—975.

② Rostam J. Neuwirth，“The ‘Letter’ and ‘Spirit’ of Comparative Law in the Time of ‘Artificial Intelligence’ and other Oxymora”（2020）26（1）*Canterbury Law Review* 1—31，8.

③ Maarten Boudry and Massimo Pigliucci，“The mismeasure of machine：Synthetic biology and the trouble with engineering metaphors”（2013）44 *Studies in History and Philosophy of Biological and Biomedical Sciences* 660—668.

④ Douwe Draaisma，*Metaphors of Memory：A History of Ideas about the Mind*（Cambridge：Cambridge University Press，2000）3.

毫不奇怪，语言以同样的方式被发现影响法律，因为“法律伴随着语言的变化而变化，也可能语言的变化导致法律的变化”。① 反言之，这也证明，法律并非总是落后于技术的变化，而是本身就能够改造技术（往往是通过一般语言的变化，特别是隐喻的变化）。② 法律的这种双重作用在下文得到了很好的解释：

> 技术进步经常给法律带来相当大的调整压力。但这也适用于另一种情况。当然，法律影响着技术和技术进步。法律同时是技术的推动者和限制因素。③

语言影响力的另一个例子来源于科幻小说。科幻小说，一个明显的矛盾修辞法，已经被证明在预测未来方面具有巨大价值。这可能也是一种通过创造未来以预测未来的方式。小说和科幻小说可以被看作是超意识和潜意识线索的提供者，很可能影响其读者，而

---

① Adolph S. Oko，“Introduction” in Nathan S. Isaacs，*The Law and the Change of Law*（Miami，FL：Hardpress，2012）1—8，6.

② Lyria Bennett Moses，“Recurring Dilemmas：The Law's Race to Keep up with Technological Change”（2007）2007（2）*University of Illinois Journal of Law*，*Technology & Policy* 239—286，239 and Wolfgang Däubler，“Gestaltung neuer Technologien durch Recht？”（1986）19（2）*Zeitschrift für Rechtspolitik* 42—48，42.

③ Volker Boehme-Neßler，*Pictorial Law*：*Modern Law and the Power of Pictures*（Berlin：Springer，2011）7.

且，如果有意放置，也会让其作者通过预测性编程的方式以预测未来。[1] 例如，乔治·奥威尔（George Orwell）的反乌托邦科幻小说《一九八四》在1948年曾预言：

> 然而，印刷的发明使操纵公众舆论更加容易，而电影和广播则进一步推动了这一进程。电视的发展以及技术上的进步使得在同一仪器上同时接收和传输成为可能，私人生活走到了尽头。[2]

事后看来，奥威尔的小说《一九八四》已经不再属于科幻小说，现在可以将其归类为"（法律）历史的科学"。

归根结底，历史也是，或者说应该是，关于未来的。[3] 法律也是如此，法律也经常使用它自己的那种虚构，即"法律的虚构"。[4] 为了实现当前的目的，并考虑到感官随着时间的推移而演变，因此，

---

① Rostam J. Neuwirth, "The Regulation of 'Fake News' in the Time of Oxymora: Facts and Fictions about the Covid-19 Pandemic as Coincidences or Predictive Programming?"（2021）*International Journal for the Semiotics of Law* 1—27，12；https：//doi.org/10.1007/s11196-021-09840-y.

② George Orwell，*1984*（New York：Signet，1950）156.

③ Barbara Adam，"History of the future：Paradoxes and challenges"（2010）14（3）*Rethinking History* 361—378，373.

④ Lon L. Fuller，*Legal Fictions*（Stanford，CA：Stanford University Press，1967）1 and Kristin Y. Albrecht，*Fiktionen im Recht*（Baden：Nomos Verlag，2020）.

根据科幻小说家的说法，考虑未来可能发展出什么样的新感官也是有益的，新感官将包括X射线视觉、读心术、第六感（感知未来的能力）、红外线感知、可以分析物体构成的感官（终结者的感知）和感知危险的能力（蜘蛛感），这里仅列举几例。[①] 这标志着一种有效的方法，因为技术的发明往往遵循如儒勒·凡尔纳（Jules Verne）和赫伯特·乔治·威尔斯（H.G. Wells）这样的科幻作家的灵感，他们被称为“怀旧的幻想家”，通过想象力的力量往往在早于实际实现之时就预测了现代技术。[②] 例如，威尔斯提出了“世界大脑”（world brain）的想法，这符合使用人工智能和大数据来扮演全知全能角色愿望的类比。[③] 大脑也被比作计算机（反之亦然）[④] 和互联

---

① Fiona Macpherson，“Individuating the Senses” in Fiona Macpherson（ed.），*The Senses：Classical and Contemporary Philosophical Perspectives*（Oxford：Oxford University Press，2011）3—43，21—22.

② Timothy Unwin，“Technology and Progress in Jules Verne，Or Anticipation in Reverse”（2000）93（1）*Journal of the Australasian Universities Language and Literature Association* 17—35，18 and 31.

③ Herbert G. Wells，*World Brain*（San Bernardino，CA：Read Books Ltd，2016）16 and Francis Heylighen and Marta Lenartowicz，“The Global Brain as a model of the future information society：An introduction to the special issue”（2017）114 *Technological Forecasting & Social Change* 1—6，1.

④ John Von Neumann，*Computer and the Brain*（New Haven CT：Yale University Press，1958）and Bruce J. Berman，“Artificial Intelligence and the Ideology of Capitalist Reconstruction”（1992）6 *AI & Society* 103—114，110.

网。[1] 这也符合"人类扮演上帝"的想法，通过"谷歌是上帝"或"数字水晶球"的方式。[2] 人类扮演上帝反映在 *homo deus* 一词中，也可以被视为与人类世（Anthropocene）[3] 的时代完美适配，在此时代，我们不应该把灾难和失败归咎于自然或上帝，而是应该认识到"我们有能力让事情变得更好，进一步减少痛苦的发生"。[4]

正如尼克拉斯·卢曼（Niklas Luhmann）在谈及从科学媒体和虚构娱乐行业收到的信息时指出的那样，（科学）事实和虚构之间的神秘界限也在人们心中变得模糊不清。[5] 当涉及过去和未来的区别时，类似的效果也可能在头脑中发挥作用，因为对时间本身的理解和认识可能在未来发生巨大变化。[6] 有趣的是，"时间"也被确定为潜意

---

① Naomi Goldblum, *The Brain-Shaped Mind: What the Brain Can Tell Us about the Mind*（Cambridge: Cambridge University Press, 2004）5—6.

② Dirk Helbing, *Next Civilization: Digital Democracy and Socio-Ecological Finance—How to Avoid Dystopia and Upgrade Society by Digital Means*, 2nd ed.（Cham: Springer, 2021）63—84.

③ Eckart Ehlers and Thomas Krafft, "Managing Global Change: Earth System Science in the Anthropocene" in Eckart Ehlers and Thomas Krafft（eds.）, *Earth System Science in the Anthropocene*（Berlin: Springer, 2006）5—12, 5.

④ Yuval Noah Harari, *Homo Deus: A Brief History of Tomorrow*（New York: Harper, 2017）19—20.

⑤ Niklas Luhmann, *The Reality of Mass Media*（Stanford, CA: Stanford University Press, 2000）58.

⑥ Carlo Rovelli, *The Order of Time*（New York: Riverhead Books, 2018）4.

识感知心理物理学的缺失维度。① 在这里，大数据和人工智能（外部）以及心理物理学和联觉（内部）可被视为技术和认知的共同努力，以实现拉普拉斯（Laplace）所假设的德蒙（Demon）是一个能够预测未来事件的全知全能的存在。②

总之，这些观察似乎支持这样的假设：人类被称之为“意识”的认知状态是一个非常复杂的过程，涉及感官、大脑和思想。对于此，非意识和意识处理之间的二元分离被认为过于简单化。③ 这也被称为心—身（或心—脑）问题。④ 因此，意识仍然是一个悖论，人脑也是如此。⑤ 悖论通常不仅代表“当前知识可能存在缺陷的情况”，

---

① Matthew Hugh Erdelyi，“Subliminal perception and its cognates：Theory，indeterminacy，and time”（2004）13 *Consciousness and Cognition* 73—91，81.

② Pierre-Simon Laplace，*Philosophical Essay on Probabilities*（New York：Springer，1995）2，Richard Shearmur，“Dazzled by data：Big Data，the census and urban geography”（2015）36（7）*Urban Geography* 965—968，965 and Julia Simner，Neil Mayo and Mary-Jane Spiller，“A foundation for savantism？ Visuo-spatial synaesthetes present with cognitive benefits”（2009）45 *Cortex* 1246—1260，1255.

③ Stanislas Dehaene et al.，“Conscious，preconscious，and subliminal processing：a testable taxonomy”（2010）10（5）*TRENDS in Cognitive Sciences* 204—211，208.

④ Colin McGinn，“Can We Solve the Mind-Body Problem？”（1989）98（391）*Mind* 349—366，366（“The answer to the question that forms my title is therefore ‘No and Yes’.”）and Iona Miller “On the Quantum Aspects of Brain-Mind Problem”（2014）5（3）*Scientific GOD Journal* 201—215，201.

⑤ Narinder Kapur（ed.），*The Paradoxical Brain*（Cambridge：Cambridge University Press，2011）.

而且还“使某些科学探索领域的真正‘范式转变’成为可能”。① 具有决定性的是，它们还突出了对更全面和动态思维的需求，这被概括为“矛盾思维”。② 应用于意识时，这种思维必须建立在多感官的感知方法上。这一点尤其正确，因为“多感官过程几乎在我们做的每一件事中都在发挥作用”。③ 这一点在下面的引文中也得到了证实：

> 我们的眼睛、耳朵、鼻子、舌头和皮肤为大脑提供了一个与我们周围世界互动的界面。虽然独立覆盖每种感官模式有其简单性，*但我们属于进化出将多种模式作为统一经验进行处理的生物体*。④

关于作为统一经验基础的认知过程，有必要探索感官的更大统

---

① Narinder Kapur et al.，“The Paradoxical Nature of Nature” in Narinder Kapur（ed.），*The Paradoxical Brain*（Cambridge：Cambridge University Press，2011）1—13，1.

② Rostam J. Neuwirth，*Law in the Time of Oxymora*：*A Synaesthesia of Language*，*Logic and Law*（New York：Routledge，2018）253.

③ Andrew J. Bremner，David J. Lewkowicz，and Charles Spence，“The multisensory approach to development” in Andrew J. Bremner，David J. Lewkowicz and Charles Spence（eds.），*Multisensory Development*（Oxford：Oxford University Press，2012）1—26，18.

④ Privitera，*supra* note 117［*Italics* added］.

一性，一种整合了几种感官活动的“共有的感觉”。[①] 这对于目前人工智能系统部署的技术可能同时在两个或更多感官上运作这一背景而言也至关重要。根据统一的多感官体验，这种操作也可能以组合的方式发生，在此种情况下，信息在一个或多个感官中被潜意识地接受，而在其余感官中则被超意识地接受。这种感知现象被称为“联觉”，联觉在隐喻和实际层面为更大程度地整合各种感官提供了一个有用的出发点。

对各种感官的共同考量出现在“联觉”的概念中，其字面意思是“共同感知”，即一种感觉模式同时引起另一种不同模式的感觉的情况。[②] “联觉”也被描述为“感官的神经混合”[③]、“感觉混合”[④] 或“隐性感觉”[⑤]。也有人认为，在“联觉”中，感官刺激（甚至想象诱因）可以引起额外的并发体验（或其心理表征），这使得共感者“在

---

① Lawrence E. Marks, *The Unity of the Senses*: *Interrelations among the Modalities* (New York: Academic Press, 1978) 3.

② Noam Sagiv, “Synesthesia in Perspective” in Lynn C. Robertson and Noam Sagiv (eds.), *Synesthesia*: *Perspectives from Cognitive Neuroscience* (Oxford: Oxford University Press, 2005) 3—10, 3.

③ VandenBos, *supra* note 4, 1060.

④ Ophelia Deroy, *Sensory Blending*: *On Synaesthesia and Related Phenomena* (Oxford: Oxford University Press, 2017).

⑤ Cretien van Campen, *The Hidden Sense*: *Synesthesia in Art and Science* (Cambridge, MA: The MIT Press, 2007) 158.

品尝食物时看到声音、闻到文字、尝到颜色或感觉到触觉形状”。① 与感官的无限数量相一致，长期以来，人们都知道“联觉”以各种形式存在。② 目前，已经有超过 50 种形式的“联觉”被归类。③ 其中最常见的几类是“字母—颜色联觉”（当一个人在观看字母、数字或文字时看到颜色）和“词汇—厌恶性联觉”（当一个人在听到某些词汇时体验到味道）。④

“联觉”常常被错误地认为是一种神经缺陷，而共感者则被当作“病人”。事实上，每个人都会有联觉，例如在阅读带有隐喻的文学作品时，“与一种感觉印象有关的术语被用来描述其他类型的感觉印象”。⑤ “联觉”甚至在决策中起着至关重要的作用。⑥ 因此，联觉体验很可能每个人都有，但在感官的数量和种类，或者说强度上，都

---

① Aleksandra Maria Rogowska, *Synaesthesia and Individual Differences*（Cambridge: Cambridge University Press, 2015）1.

② Raymond Holder Wheeler, *The Synaesthesia of a Blind Subject*（Eugene, OR: University of Oregon Press, 1920）3.

③ Richard E. Cytowic, *Synesthesia: A Union of the Senses*, 2nd ed.（Cambridge, MA: MIT Press, 2002）17.

④ VandenBos, *supra* note 4, 1060.

⑤ Shane Butler and Alex Purves, “Introduction: Synaesthesia and the Ancient Senses” in Shane Butler and Alex Purves, *Synaesthesia and the Ancient Senses*（Abingdon, Oxon: Routledge, 2014）1—7, 1.

⑥ Raymond Holder Wheeler and Thomas D. Cutsforth, “Synaesthesia in Judging and Choosing”（1928）1（3—4）*The Journal of General Psychology* 497—519.

会有所不同。也有科学证据表明，我们每个人都是天生的共感者，① 甚至如果一个人不是天生就具有这种能力，也可以通过接受训练获得此种能力。② 因此，联觉标志着一个多感官过程、与我们大多数日常经验相吻合。从进化的角度出发，参与联觉的基因据说包含着一个“隐藏的议程”，它可能暗示着未来感官的发展方向或新感觉器官的出现。③

出于这个原因，值得强调的是现在联觉已经被医学界接受为一种绝对真实的现象，并在更多的学科中受到越来越多的关注，包括但不限于“神经学、心理学、语言学、比较解剖学、艺术创作、哲学和心身问题等领域”。④ 正如将显示的那样，联觉在法律中也受到

---

① Daphne Maurer, Laura C. Gibson, and Ferrinne Spector, “Infant Synaesthesia: New Insights into the Development of Multisensory Perception” in Andrew J. Bremner, David J. Lewkowicz and Charles Spence (eds.), *Multisensory Development* (Oxford: Oxford University Press, 2012) 229—250 and Ophelia Deroy and Charles Spence, “Are we all born synaesthetic? Examining the neonatal synaesthesia hypothesis” (2013) 37 *Neuroscience & Biobehavioral Reviews* 1240—1253.

② Nicolas Rothen, Andrea-Laura Wantz, and Beat Meier, “Training synaesthesia” (2011) 40 *Perception* 1248—1250 and Roger Walsh, “Can Synaesthesia Be Cultivated? Indications from Surveys of Meditators” (2005) 12 (4—5) *Journal of Consciousness Studies* 5—17.

③ David Brang and V. S. Ramachandran, “Survival of the Synesthesia Gene: Why Do People Hear Colors and Taste Words?” (2011) 9 (11) *PLoS Biology* 1—6, 5.

④ Richard E. Cytowic, *Synesthesia: A Union of the Senses* (New York: Springer-Verlag, 1989) 2.

了极大的关注，特别是在法律符号学中。[①]就目前而言，可以说对这一现象的研究已经证实了梅洛·庞蒂（Merleau-Ponty）在1962年得出的以下言论：

> 审美感知是一种规则，我们之所以不知道它，只是因为科学知识转移了经验的重心，所以我们没有学会如何去看、去听，以及概括而言，去感受，以便从我们的身体组织和物理学家设想的世界中推导出我们要看、要听、要感受的东西。[②]

总而言之，联觉是一种现实生活中的现象，是感官统一性的完美隐喻，是讨论部署超越意识的潜意识教化技术的人工智能系统的一个合适概念。在过去，电影的发明被类比为联觉，因为电影被称为“唯一适合后工业、后文学、人造环境的美学语言，具有多维的模拟信息源网络”。[③]此外，电影的演变，从无声电影到有声电影，再到3D、4D甚至5D电影，都显示了一个明显的趋势，即感官的进

---

① Sarah Marusek（ed.），*Synesthetic Legalities*：*Sensory Dimensions of Law and Jurisprudence*（Abingdon，Oxon：Routledge，2017）and Neuwirth，*Law in the Time of Oxymora*：*A Synaesthesia of Language*，*Logic and Law*，*supra* note 188.

② Maurice Merleau-Ponty，*Phenomenology of Perception*（London：Routledge & Keagan Paul，1962）229［*Italics* added］.

③ Gene Youngblood，*Expanded Cinema*（New York：P. Dutton & Co.，1970）77.

一步整合。在不久的将来，人工智能系统将进一步推动这一进程。

对于人工智能的监管，可能违反潜意识技术禁令的标准这一基本问题最终将取决于为每个单独感官以及所有感官共同划定的阈值。这是关键点，即什么样的信息会在人类感知的极限之下通过，这意味着它将被潜意识地感知。这里的主要问题是，首先，每个感官都被假定有一个不同的阈值。第二个问题涉及用于建立感知阈值的标准，如光线或速度的视觉，或声音和气味的分子。① 这反映在关于以超过每秒 24 帧的速度放映图像所呈现效果的争议中，正如“第 25 帧”所反映的那样，25 帧常常被认为是图像的潜意识感知和超意识感知之间的阈值。② 此外，有些信息可以通过两种不同的感官来评估：“皮肤可用于定位声音，准确度几乎与听觉一样。” ③ 那么，听觉④、嗅觉⑤、味

---

① R.A. Weale, “The Absolute Threshold of Vision”(1955) 35 (1) *Physiological Reviews* 233—246, 233.

② Maria Florea, History of the 25th Frame. The Subliminal Message”(2016) 6 (3) *Communication and Globalization International Journal of Communication Research* 261—266.

③ George, A. Gescheider, “Some Comparisons Between Touch and Hearing”(1970) *IEEE Transactions on Man-Machine Systems* 28—35, 28.

④ L.J. Wheeler and E.D.D. Dickson, “The Determination of the Threshold of Hearing” (1952) 66 (8) *The Journal of Laryngology & Otology* 379—395.

⑤ G.H. Cheesman and Stella Mayne, “The influence of adaptation on absolute threshold measurements for olfactory stimuli”(1953) 5 (1) *Quarterly Journal of Experimental Psychology* 22—30.

觉[①]以及触觉[②]的阈值划在哪里？似乎不可能为每一种感官确定其阈值。再举一个理由，所有感官的阈值似乎都会随着我们年龄的增长而改变。[③]

这些问题无疑对技术和法律都有很大的实际意义。例如，对于听力阈值在技术中的应用，我们可以列出一些超出我们听力范围的工具的应用，如超声波洗衣机、入侵者警报器、超声波动物驱赶器和自动开门器。[④]同样的问题也存在于其他感官中，抑或出现在当电动皮肤、电动舌头、电动鼻子以及其他新式设备广泛使用时。还有许多在其他感官阈值之外运作的产品也可能激发起人们的兴趣，并在未来的产品中找到有用的应用，例如使用信息素来控制害虫或开发非苦味药物。[⑤]

---

① L.M. Bartoshuk, "The psychophysics of taste" (1978) 31 (6) *The American Journal of Clinical Nutrition* 1068—1077.

② Carl E. Sherrick, and James C. Craig, "The Psychophysics of Touch" in William Schiff and Emerson Foulke (eds.), *Tactual Perception: A Sourcebook* (Cambridge: Cambridge University Press, 1982) 55—81.

③ Belinda Train, *Introduction to Psychology: Fresh Perspectives* (Cape Town: Pearson, 2007) 122.

④ Kaoru Ashihara et al., "Hearing threshold for pure tones above 20 kHz" (2006) 27 *Acoustical Science and Technology* 12—19, 12.

⑤ Peter Witzgall, "Pheromones-future techniques for insect control?" (2001) 24 (2) *Pheromones for Insect Control in Orchards and Vineyards IOBC wprs Bulletin* 114—122 and Mohamed-Ahmed et al., *supra* note 122, 1170.

与阈值有关的问题属于心理物理学领域，在该领域，建立感官的绝对阈值，即划分无意识和有意识状态的努力可以追溯至很久之前。① 这些努力通常将个人暴露在逐渐增强的刺激下，以找到该人在 50% 的时间内检测到的最小刺激。② 然而，此类努力的最大问题是绝对阈值并不存在，因为人和人之间的敏感度有差别，甚至同一个人在不同时间也会经历不同的阈值。③ 这解释了为什么阈值的想法在很大程度上被大打折扣。④ 总之，绝对感官阈值的问题已被恰如其分地概括如下：

> 不幸的是，即使考虑到了刺激的特点，也没有可以普遍推荐的绝对阈值：对某一刺激的阈值在个人内部和人与人之间都有差异。*处理这种变化的方法之一是为每个人设定独特的阈值*。⑤

在法律领域，这一发现使得禁止潜意识教化技术变得愈发困难，

① John A. Swets，“Is there a sensory threshold？”（1961）134 *Science* 168—177，168.

②③ Spencer A Rathus，*Psych*[6]：*Introductory Psychology*（Boston：Cengage，2020）64.

④ Jeffrey N. Rouder and Richard D. Morey，“The nature of psychological thresholds”（2009）116（3）*Psychological Review* 655—660，655.

⑤ Pamela K. Smith and Kathleen McCulloch，“Subliminal Perception” in V.S. Ramachandran（ed.），*Encyclopedia of Human Behavior*，vol. 1，2nd ed.（London：Academic Press，2012）551—557，551［*Italics* added］.

因为不可能在意识和非意识之间划出一条普遍的区分线。在此种情况下，也有人指出，知觉意识不能被视为一个单一概念，因为“感知输入往往由不同方面组成，每个方面都有自己的意识阈值”。[①]各个感官之间的相互作用产生了另一个问题，即一个人可能感受不到触觉刺激，但可能看到有人试图触摸她 / 他，或者没有品尝出但是闻出食物坏了。此外，研究还表明，感知的敏感性会因多种感官线索的整合而改变。[②]

这意味着，潜意识教化技术不仅与每个单独的感官有关，而且与它们相互组合的总和也息息相关。这导致了一个问题：即使可以为每个感官单独建立绝对的阈值，仍然存在一个严重的问题，即对所有感官共同的潜意识和有意识感知之间也存在区别。对于此，头脑相当善变，因为它可能会记录下某种刺激，但仍然会因为某些原因而选择忽略它，就像我们鼻子的感知那样。[③]正如另一个使用矛盾修辞法的词语“公开的秘密”所描述的，有些东西变得不可见，因

① Stefan Wiens，“Subliminal emotion perception in brain imaging：findings，issues，and recommendations”（2006）156 *Progress in Brain Research* 105—121，117.

② Jan Drugowitsch et al.，“Optimal multisensory decision-making in a reaction-time task”（2014）3 *eLife* 1—19，1；https：//doi.org/10.7554/eLife.03005.

③ Michael Pace，*Subliminal Psychology 101*：*How to Stealthily Penetrate*，*Influence*，*and Subdue Anyone's Mind without Them Suspecting a Thing*（Scotts Valley，CA：CreateSpace Publishing，2018）10—11.

为它们总是在那里。对于嗅觉也有类似的观察：人们发现，“尽管人类感觉到气味的阈值很低，但只有异常高的气味浓度才能自发地将我们的注意力转移到嗅觉上”。①

在法律上，无论是在个人内部抑或人与人之间，都不可能建立绝对的阈值，因为绝对的阈值问题重重。因此，阈值可以仅仅在法律虚构的基础上，利用“普通”或“合理”消费者的心态来确定，尽管这种测试中使用的标准也是不稳定和不断变化的。②

尽管存在这些关于感官分类、思想—身体或“有意识—无意识”的二分法，以及缺乏绝对的感官阈值，但对于人工智能系统的未来监管，还是可以得出一些有用的结论的。首先，很明显，人类的经历一直是一个多感官过程。历史上存在一个长期的传统，即孤立地看待和研究感官，并在其中给予视觉和声音更大的优先权。这种立场不再被认为具有充分理由，特别是对联觉的研究已经表明了这一点。这意味着感官需要同时被孤立地和统一地加以研究。其次，将

① Sela and Sobel，*supra* note 116，13.

② Thomas R. Lee，Glenn L. Christensen and Eric D. DeRosia，“Trademarks，Consumer Psychology，and the Sophisticated Consumer”（2008）57（3）*Emory Law Journal* 575—650，649 and Celine Shirooni，“Native Advertising in Social Media：Is the FTC’s Reasonable Consumer Reasonable”（2018）56 *Washington University Journal of Law & Policy* 221—240，222.

新技术创新中的不断变化考虑在内也很重要，因为根据欧盟《人工智能法案》第4条的规定，它是可以预见的。这也反映在“体验经济”的概念中，为了使利润最大化，体验经济寻求整合最大数量的感官，以使经济产品的消费更令人难忘。此外，由数字化驱动的新技术也在其他感官领域迎头赶上。各种模仿人类感官的电子设备，如电动皮肤、电动舌头或电动鼻子已经被研发出来，并将在短时间内完成人工智能驱动的多感官增强和虚拟现实创造。①

在执行欧盟《人工智能法案》第4条程序的同时，不仅需要监测和研究人工智能系统的发展进展，还需要对人类认知的变化进行密切和持续的监测，因为感觉器官的变化在历史上经常发生。这一点在技术、语言、法律和认知之间的联系中得到了证实并被简要提及。②

最后，在这一背景下必须指出，联觉不仅为神经科学和其他科

① Susan S. Schiffman and Tim C. Pearce, “Introduction to Olfaction: Perception, Anatomy, Physiology, and Molecular Biology” in Tim C. Pearce et al. (eds.), *Handbook of Machine Olfaction: Electronic Nose Technology* (Weinheim: WILEY-VCH Verlag, 2003) 1—31, 26 and Wang, *supra* note 129.

② Michael Polanyi, *Knowing and Being* (Chicago: University of Chicago Press 1969), 148, Arthur Zajonc, *Catching the Light: The Entwined History of Light and Mind* (Oxford: Oxford University Press, 1993), 184, and Neuwirth, *Law in the Time of Oxymora: A Synaesthesia of Language, Logic and Law*, *supra* note 188, 135—143.

学学科，也为法律提供了一个有前景的领域。对于此，法律与感官之间的关系被描述为：

> *法律与感官之间的关系问题必然会触及所有感知的联觉性质。由于法律本身并非可以适当观察的东西，而是通过物质、想象和智力形式的非循环矩阵来运作的原则，因此，如果不参照支配感觉的综合原则，即亚里士多德的评论家首次命名为“联觉”的常识和感觉，对法律的感应是无法理解的。*①

因此，联觉代表着需要更紧密地考虑法律的感官，包括个人和集体的感官，这些感官也被法律符号学和法律联觉所涵盖的相关概念和领域所捕获。②最终，现在和未来的复杂现实，包括由人工智能和机器学习创造的所谓“虚拟现实”，也将需要更广泛的认知变化，

---

① Nicola Masciandaro，“Synaesthesia：The Mystical Sense of Law” in *Routledge Research Handbook on Law and Theory*，A Philippopoulos-Mihalopoulos，ed.（Routledge London 2018），179—201，180［*Italics* added］.

② Rostam J. Neuwirth，“Legal Semiotics and Synaesthesia” in Anne Wagner and Sarah Marusek（eds.），*Research Handbook on Legal Semiotics*（Cheltenham：Edward Elgar，forthcoming in 2023），Rostam J. Neuwirth，“International Adjudication and Semiotics” in Hélène Ruiz Fabri（ed.），*Max Planck Encyclopedia of International Procedural Law*（*MPEiPro*）（Oxford：Oxford University Press，2021）1—30.

例如在逻辑领域。特别是对法律而言，这将要求传统的二元法律推理模式被一种更灵活或多价的法律逻辑所补充。[①] 如果“智能机器”，一个利用了矛盾修辞的说法[②]，已经能够用模糊的逻辑和同样模糊的词语进行计算，那么法律就不应该落后。[③] 这一点尤为正确，因为法律本身高度矛盾，正如本杰明·卡多佐（Benjamin N. Cardozo）所描述的那样：

> 这些无休止的悖论以谜语的挑战、追逐的刺激来挑逗我们。法律，就像一般的科学一样，如果能够追根溯源，就会把我们带到存在于脉络和山脊之下的未挖掘深处，即面纱背后的

---

① John Dewey，“Logical Method and Law”（1924）10（1）*Cornell Law Quarterly* 17—27，27，Oren Perez，“Law in the Air：A Prologue to the World of Legal Paradoxes” in Oren Perez and Gunther Teubner（eds.），*Paradoxes and Inconsistencies in the Law*（Oxford：Hart，2006）3—38，H. Patrick Glenn and Lionel D. Smith（eds.），*Law and the New Logics*（Cambridge：Cambridge University Press，2017），Valentin Jeutner，*Irresolvable Norm Conflicts in International Law：The Concept of a Legal Dilemma*（Oxford：Oxford University Press，2017）151—153，and Neuwirth，*Law in the Time of Oxymora：A Synaesthesia of Language*，*Logic and Law*，*supra* note 188，230.

② Alcibiades Malapi-Nelson，*The Nature of the Machine and the Collapse of Cybernetics：A Transhumanist Lesson for Emerging Technologies*（Cham：Palgrave Macmillan，2017）100.

③ Lotfi A. Zadeh，“Fuzzy Logic = Computing with Words”（1996）4（2）*IEEE Transactions on Fuzzy Systems* 103—111，110.

现实。①

在类似的模式下，甚至法律的起源也被发现是矛盾的，这一特点既是对其更好理解的障碍，也是对其更好理解的前提。②

① Benjamin N. Cardozo, *The Paradoxes of Legal Science* (New York: Columbia University Press, 1928) 134 [*Italics* added].

② Yoav Kenny, "'Not Mutually Exclusive': Derrida and Agamben Read Kafka's '*Before the Law*'" in Agata Bielik-Robson and Adam Lipszyc (eds.), *Judaism in Contemporary Thought: Traces and Influence* (New York: Routledge, 2014) 116—126, 118.

第三章　法律如何使人类的潜意识免受 AI 的操控

前文首先讨论了欧盟《人工智能法案》禁止“在人的意识之外部署潜意识教化技术的人工智能系统”的法律背景并对其进行了一些初步批判。其次，简要概述了已经利用或将来有可能利用这种潜意识教化技术的人工智能系统。为了强调欧盟《人工智能法案》拟议禁止所带来的挑战，通过参考禁止潜意识广告和其他报道的相关案例，对潜意识在法律中的作用进行了更广泛的阐述。最后，潜意识感知所带来的问题需要我们更仔细地审视感官的单独和集体功能，正如“联觉”概念所提出的那样。总而言之，以上讨论的结果使得我们就拟议的欧盟《人工智能法案》得出了一些初步结论。然则前文也引入了一个更跨学科的科学辩论以讨论一般人工智能监管，特别是计划禁止潜意识教化技术的影响。因此，以上论述为这章在一个更完整的框架内重新审视拟议的禁止人工智能使用潜意识教化技术，并对其进行批判性评估奠定了基础。

一、禁止人工智能系统中使用潜意识教化技术的再审视

作为第一个重要发现，欧盟在 2021 年 4 月发起的专门规范人工智能的倡议毫无疑问会受到欢迎，因其具有全面性并与其他相关的现有和计划中的法律文书密切关联。本书中引用的大多数涉及人工智能的文献来自不同法律、非法律和科学背景的广泛领域，这些文献都同意绝对有必要对人工智能进行监管。同时，欧洲委员会人工智能特设委员会（CAHAI）公开的计划也确认了通过制定人工智能监管框架对整个欧洲的人工智能进行监管的必要性。联合国教科文组织成员于 2021 年 11 月 22 日通过了《人工智能伦理问题建议书》，体现了国际层面对人工智能监管的广泛共识，但该建议在法律上并无约束力。虽然教科文组织的建议并未明确提及潜意识教化技术，但它强调了人工智能深刻的积极和消极影响，特别是对人类思想的影响。

第二个发现是，计划中的禁止部署潜意识教化技术的人工智能系统可能会构成整个欧盟《人工智能法案》的一个关键领域。此项规定很重要，因为它在神经科学和人工智能所使用或与人工智能相结合的相关技术领域取得几十年的技术进步后，更新了法律。对于此，来自不同科学学科的专家也普遍认为，这些技术的侵入性能够直接控制思想，操纵人类行为，并以各种形式造成严重伤害。显然，部署了潜意识教化技术的人工智能存在积极用途，如将潜意识教化

技术用于自助或（音乐）治疗，以对抗各种形式的成瘾、肥胖、焦虑或恐惧症。① 但本书并未广泛地讨论这些用途，即使在这类有益的使用中，如最近的研究已经证实了治疗性潜意识刺激的有效性②，但疑虑和争议并未随之烟消云散。潜在的问题根源在于技术悖论，即任何技术本身并无好坏之分，通常由于用途不同导致结果差异。因此，同样的潜意识教化技术可以在智能辅导系统的帮助下被用来教与学，也可以以黑暗模式或政治宣传的形式被用于操纵。③ 因此，

---

① Frank Ryan，*Cognitive Therapy for Addiction*：*Motivation and Change*（Chichester：John Wilcy & Sons，2013）6，53，56 and 60，Edwin K. Yagcr，*Subliminal Therapy*：*Using the Mind to Heal*（Carmarthen：Crown House，2011），Rania Karam et al.，"Effectiveness of Subliminal Messages and Their Influence on People's Choices"（2017）13（17）*European Scientific Journal* 262—278，276；Joseph F. McGuire，Adam B. Lewin，and Eric A. Storch，"Enhancing Exposure Therapy for Anxiety Disorders，Obsessive Compulsive Disorder，and Posttraumatic Stress Disorder"（2014）14（8）*Expert Review of Neurotherapeutics* 893—910.

② *Cf.* Timothy E. Moore，"Subliminal Self-help Auditory Tapes：An Empirical Test of Perceptual Consequences"（1995）27（1）*Canadian Journal of Behavioural Science* 9—20，18 and Mathias Pessiglione，"Subliminal Motivation of the Human Brain" in Stanislas Dehaene and Yves Christen（eds.），*Characterizing Consciousness*：*From Cognition to the Clinic*（Berlin：Springer，2011）175—190，188.

③ Aaron R. Seitz and Takeo Watanabe，"Is subliminal learning really passive？"（2003）422 *Nature* 36，36，Pierre Chalfoun and Claude Frasson，"Subliminal Cues While Teaching：HCI Technique for Enhanced Learning"（2011）*Advances in Human-Computer Interaction* 1—15，13；doi：10.1155/2011/968753，and Robert F. Bornstein，"Subliminal Techniques as Propaganda Tools：Review and Critique"（1989）10（3）*The Journal of Mind and Behavior* 231—262，257.

正如我们从帕拉塞尔苏斯（Paracelsus）几百年前提出的所谓“毒药悖论”中所知悉的[①]，有益和有害效果之间的界限通常非常细微。鉴于此，在欧盟《人工智能法案》中明确提及潜意识教化技术至关重要，因为这有助于确保潜在的有益和潜在的有害使用被发现，并随之被发展（在前者的情况下）或被限制（在后者的情况下）。同样，这也证实了具有约束力的法律来规范人工智能以及控制潜意识教化技术的必要性，因为仅靠道德原则无法阻止这些新技术的有害发展和使用。

更广泛而言，在人工智能和新技术的背景下，潜意识的具体和象征意义被“潜意识干预”通过“自主计算的主要新范式，紧邻其声称的自我意识”的叙述很好地总结。[②] 因此，对潜意识的明确提及必须被视为保护人类思想自由和个人精神隐私的重要步骤，以此来维持一个不受操纵且排除对个人控制自己思想有害干扰的环境。这些真正的危险在下面这段话中得到了恰如其分的概括：

---

① John A. Timbrell, *The Poison Paradox: Chemicals as Friends and Foes*（Oxford: Oxford University Press, 2005）2 and 250.

② Mireille Hildebrandt, “Introduction: A multifocal view of human agency in the era of autonomic computing” in Mireille Hildebrandt and Antoinette Rouvroy（eds.）, *Law, Human Agency and Autonomic Computing: The philosophy of law meets the philosophy of technology*（Abingdon, Oxon: Routledge, 2011）1—11, 5.

尽管有关于其有效性的质疑，但潜意识通信技术对个人自主权和个人隐私权构成了严重威胁。由于这些权利传统上在我们社会中被赋予了神圣地位，它们的损失可以说并未被使用潜意识教化技术所带来的可能的社会利益所抵消。因此，很有必要对因使用潜意识通信设备所被威胁到的利益进行法律保护。①

20世纪早期，人们或许对视觉潜意识刺激对人行为的有效性将信将疑，然而最近的科学研究一再证实了这种刺激的影响和有效性，只是会受到一些额外因素如个性或背景的限制。其影响的强度也与接触时间的长短成正比，对于此，前所未有的证据已经证实了"潜意识信息对有意识理性决策的持久性和影响"。② 营销领域的各种发现也表明，如果有更多的感官参与，潜意识和超意识的影响也可能会增加。这也意味着，个人感官系统的状态作为一个整体相互关联，正如下面一段评论所言：

---

① Olivia Goodkin and Maureen Ann Phillips, "The Subconscious Taken Captive: A Social, Ethical, and Legal Analysis of Subliminal Communication Technology" (1981) 54 (5) *Southern California Law Review* 1077—1140, 1140.

② Simon Ruch, Marc Alain Züst and Katharina Henke, "Subliminal messages exert long-term effects on decision-making" (2016) 2016 (1) *Neuroscience of Consciousness* 1—9, 1.

> 总之，这些发现表明，感官知觉不仅取决于刺激的特点，而且还取决于感官系统的状态。刺激是否被有意识地感知以及如何被感知的决定，不仅仅关乎于检测阈值的刺激强度，还关乎于背景节奏的振幅和相位，以及行为/认知因素，如警惕性、注意力和期望。除了受知觉系统状态的影响外，*对感觉刺激的感知本身也会不断修改同一系统*，因此会影响对后续刺激的处理。有趣的是，即使在潜意识强度下应用的刺激永远无法被察觉，大脑仍然对其作出反应，这表明*潜意识刺激也与行为和进一步的认知处理有关*。①

这一发现重新激活了技术作为人体延伸功能的类比，特别是人工智能的人类思维功能。因此，就像*知觉刺激不断改变知觉系统的状态一样*，所有新的，包括现在和未来的通常被称为人工智能的技术，将对人类决策和整个生活产生越来越大的影响。技术的融合将这一过程推进到未来潜意识和超意识刺激在我们有意识和无意识生

① Burkhard Pleger and Arno Villringer, “The human somatosensory system: From perception to decision making”(2013) 103 *Progress in Neurobiology* 76—97, 81 [*Italics added*].

活中作用的急剧改变。因此，通过不同渠道接受各种刺激的数量、强度、频率和质量可谓是真正的游戏改变者，我们可以期待潜意识教化技术效果的进一步提高和加强。

影响会随着更多感官的参与逐渐增强的这种假设已经在“深度造假”现象中得到证实。深度造假视频结合了图像和声音，并以数字方式改变一个人的面部或身体。与书面“假新闻”相比，深度造假已被发现具有“更大影响”，而且由于“今天以社交媒体为导向的信息环境与我们认知偏见相互作用的方式”，[①] 这种情况会愈发严重。两种或更多的感官更长时间、更深入、更广泛地接触到潜意识刺激，使体验更令人难忘，并会加强刺激的有效性。仅仅在如何处理深度造假方面，目前的法律和政策架构也已经被发现不是应对严重危害的最佳设计。[②] 从逻辑上讲，从小范围争论到大范围争论意味着同样的法律肯定不足以处理潜意识教化技术，包括现在的及最重要的、未来的潜意识教化技术。总而言之，道德方面的担忧已经存在了一段时间，但关于潜意识信息对用户影响的问题却延迟了监管行动。现在，这些担忧清楚地突出了在研究和法律行动中都“需要统一的

①② Bobby Chesney and Danielle Citron，“Deep Fakes：A Looming Challenge for Privacy，Democracy，and National Security”(2019) 107 *California Law Review* 1753—1820，1819.

方法和概念框架”。①

因此，可以得出这样的结论：对当前及未来技术的各种科学研究，以及对大脑神秘运作的相关见解，都需要对潜意识刺激的作用给予更多关注。虽然列入禁令本身不应受到质疑，但在科学和法律领域，对欧盟《人工智能法案》所选择的措辞，即“在人的意识之外部署（有害）潜意识教化技术的人工智能系统”进行澄清。从科学的角度来看，最好能定期咨询众多领域的专家，了解潜意识和超意识、有意识和无意识感知的区别。同样重要的是，了解相关“跨意识感知”（transliminal）或“超意识感知”（paraliminal）的概念如何能适应目前感知的科学知识状况。同时，澄清不同感官的单独的和集体的阈值问题也很重要。对于判断一项技术是否因其“潜意识”性质而非法似乎是一个重要问题。总而言之，必须对禁令所使用的术语达成更广泛共识，且必须避免使用混乱的术语。

从另一个角度看，已经发现“一个特定刺激的阈值在个人内部和人与人之间都有所不同”。② 在实践中，这意味着公平判断是否可

---

① Mary L. Still and Jeremiah D. Still，“Subliminal Techniques：Considerations and Recommendations for Analyzing Feasibility”（2018）34（5）*International Journal of Human—Computer Interaction* 457—466，464—465.

② Pamela K. Smith and Kathleen McCulloch，“Subliminal Perception” in V.S. Ramachandran（ed.），*Encyclopedia of Human Behavior*，vol. 1，2nd ed.（London：Academic Press，2012）551—557，551［*Italics* added］.

能违反此条规定的唯一方法是为每个人设定一个独特的阈值以处理这种差异性。但这就如同根据每个司机的驾驶技能来评估超速的违法行为一样，是不切实际的。鉴于以上原因，对这些初步科学问题的回答也与拟议禁令的具体措辞有很大关联。

此外，我们从过去禁止潜意识广告的经验中得到了一些重要启示。第一，技术上的创新，特别是与感官有关的创新不仅涉及视觉和听觉的刺激，而且涉及嗅觉、味觉和触觉的刺激，因此世界各地的广告法需要重新审视现有规定。换言之，对信息“视听”方面的关注已经不够，即使仅对广告而言也是如此。参与的感官数量越多，概念性的方法就必须越广泛。第二个重要启示是，无论如何必须更加关注未来任何关于人工智能法规的执行。对于此，目前欧洲大量区域和国家机构做得还远远不够，虽然任务广泛重复，但它们似乎仍然无法监测内容潜意识信息或制裁任何潜在的违规行为。相反，应该建立一个系统，利用一个既集中又分散的监管机构，在超国家和国家，或全球和地方之间进行更好的协调。之所以需要这样一个综合的“全球地方”* 监督，是因为许多相关技术将在全球范围内使用和运作，而对感官和认知的理解往往因当地具体语言和文化背景

---

* 译者注：此词的英文为“glocal”，结合了 global 和 local 两个词，是一个本质矛盾的概念。

的不同而有所不同。[①] 这种文化差异也会以潜意识的形式表现出来。[②] 未来的执法系统也应该同时具备有能力、独立和高效的特质，也许还可以纳入对初审决定的复审机制。[③] 此外，鉴于此类系统的迅速发展，在监测和筛选潜意识内容以及潜意识教化人工智能系统方面应该既一致又灵活。此类机构还应该拥有必要的人工智能系统设备，以检测部署了潜意识内容的人工智能系统。使用这种技术来检测潜意识教化人工智能系统的使用，肯定有助于恢复目前的不平衡状态，在这种不平衡状态中，监视技术一方面被用来控制公民，另一方面被用来保护公民。

从禁止潜意识教化技术的角度出发，必须批判性地看待正在进行的关于缩小人工智能定义的辩论，该辩论由欧盟主管机构建议且显然也已经得到欧盟主管机构的同意。[④] 鉴于趋同的趋势和快速变

---

① Kathryn Linn Geurts，*Culture and the Senses*：*Bodily Ways of Knowing in an African Community*（Berkeley，CA：University of California Press，2002）3.

② Wataru Sato et al.，“Cultural Moderation of Unconscious Hedonic Responses to Food”（2019）11 *Nutrients* 1—9，7.

③ Björnstjern Baade，“Fake News and International Law”（2019）29 *The European Journal of International Law* 1357—1376 and Kate Klonick，“The Facebook Oversight Board：Creating an Independent Institution to Adjudicate Online Free Expression”（2020）129（8）*Yale Law Journal* 2418—2499.

④ Nicolas Kayser-Bril，“European Council and Commission in agreement to narrow the scope of the AI Act”，*Algorithm Watch*（23 November 2021）；https：//algorithmwatch.org/en/eu-narrow-scope-of-ai-act/.

化的步伐，应该重视更广泛和更具包容性的监管方法。这既适用于一般的人工智能监管，也适用于禁止各种有害的潜意识教化技术问题。对于后者，有必要澄清在潜意识和超意识层面之间操纵的界限，因为似乎人类感知和认知的复杂性意味着感知和认知共同决定了决策和人类行为的变化。因此，也许最好不要把“潜意识”与“超越人的意识”结合起来，因为这似乎是混乱和矛盾的。根据科学专家的反应，“潜意识”一词可以用“跨意识”（transliminal）代替，以便包含在无意识或有意识层面，甚至可以同时在这两个意识层面上运作的操纵形式。

在一个人“身体或心理伤害”的范围和措辞方面，也可以得出类似结论。这部分也应该选择一个更全面、更包容、更通用的短语，至少要符合世界卫生组织自 1946 年以来对健康的定义。这可以是对“伤害”的简单化还原，即法院和法官随后可以将其解释为包括身体和心理伤害以外的形式，如情感、文化、集体和社会伤害以及认知伤害，正如之前所建议的那样。① 这种还原主义的方法也比较恰

① Nathalie Smuha et al.，“How the EU Can Achieve Legally Trustworthy AI：A Response to the European Commission’s Proposal for an Artificial Intelligence Act.”（2021），21；https：//papers.ssrn.com/sol3/papers.cfm?abstract_id=3899991，21 and Mateja Durovic and Jonathon Watson，“Nothing to Be Happy about：Consumer Emotions and AI”（2021）4（4）J 784—793，792.

当，符合其他法律领域，如侵权行为制度（承认潜意识或累积侵权行为），以及未来能够处理人工智能系统造成错误的民事责任制度等需要做出的改变。然而，这也需要重新考虑伤害的范围。关于拟议文本的早期评论建议，应扩大关于潜意识教化技术的规定范围，以保护人类的自主性，并防止人工智能驱动应用将“越来越多地积累我们的个人参考资料，以及改变政治决策结果”的风险。① 出于这个原因，评论还建议扩大条款的范围，尤其是完全取消伤害要求，② 给出的理由如下：

> 这个定义有可能给许多操纵性人工智能系统以自由通行证，因为潜意识操纵很难被发现，而且受影响的人很难证明潜意识操纵和伤害之间的因果关系。换言之，高门槛可能会导致这一重要禁令在很大程度上成为一种摆设。③

事实上，还有一个问题，就是如何最好地提及伤害，同时确保涵盖主要的集体伤害。这里可以列举一个选举舞弊的例子来说明这

① Future of Life Institute（FLI），FLI Position Paper on the EU AI Act（August 2021）6；https：//futureoflife.org/wp-content/uploads/2021/08/FLI-Position-Paper-on-the-EU-AI-Act.pdf?x72900.

②③ *Ibid.*，7.

个问题，一名选民也许因为他/她没有社交媒体账户，因而可能没有受到个人化操纵行为的潜意识影响，然而同一个人最终仍然可能受到通过操纵大多数拥有社交媒体账户的选民而导致的选举舞弊的伤害。这个介于个人和集体责任以及个人和集体伤害之间的问题，已经可以在大流行病背景下涉及（强制）疫苗接种的辩论中窥知一二。①

因此，应该进一步考虑对于伤害要求的表述，以及目前对于“该人或另一人”造成伤害的主体限制，应该扩大主体范围，以囊括更广泛的群体或整个社会。同时，应讨论因果关系，以解决“累积性伤害”的影响。这些建议肯定有助于确保更广泛的现有和未来的操纵系统被纳入禁止范围，并在“操纵者”和“被操纵者”之间建立起更大的对称性权力关系。②

总而言之，所选择的关注一般人工智能，而非将人工智能分割成如医疗、交通或其他部门等不同领域的方法，也必须受到推崇，特别是在快速发展和融合的技术和工业环境中。对于此，可以从文化产业过去的发展中吸取重要教训，正如同心圆模式所反映的那样，

---

① Emma Cave，“Voluntary vaccination：the pandemic effect”（2017）37（2）*Legal Studies* 279—304，282.

② Bruce Schneier，*Data and Goliath：The Hidden Battles to Collect Your Data and Control Your World*（New York：W. W. Norton & Company，2015）7.

此模式描述了一个从核心文化部门中心向整个经济外围扩展的过程。[①] 这一趋势已经得到了证实，尤其体现在从文化产业到创意产业的动态术语转变中。[②] 从文化产业到创意产业的转变最终导致了这样的发现：由于任何行业的任何科学或技术创新都是创造性的，“因此，任何行业都有可能是‘创意产业’”。[③] 最终，这导致了相关但更广泛的创意和体验经济概念的出现。[④] 人们发现，即使在炒作人工智能之前，产业融合的趋势和交叉产品的出现就已经给监管带来了挑战，正如下文所总结的：

> 高科技产业，如信息和通信技术之间的界限正在日益消失，高融合和高科技产业之间也是如此：营养学（也称为“功能性食品”产业）、教育性娱乐、药妆品和基因诊断只是新兴融合市

---

① David Throsby, “The Concentric Circles Model of the Cultural Industries” (2008) 17 (3) *Cultural Trends* 147—164, 149.

② Nicholas Garnham, “From Cultural to Creative Industries” (2005) 11 (1) *International Journal of Cultural Policy* 15—29, 20.

③ Susan Galloway and Stewart Dunlop, “A Critique of Definitions of the Cultural and Creative industries in Public Policy” (2007) 13 (1) *International Journal of Cultural Policy* 17—31, 19.

④ Rostam J. Neuwirth, “Global Market Integration and the Creative Economy: The Paradox of Industry Convergence and Regulatory Divergence” (2015) 18 (1) *Journal of International Economic Law* 21—50, 29.

场的一个样本。①

简而言之，创意和体验经济的概念指出，认知元素在未来经济中会扮演越来越重要的角色。此外，它们还反映了产业、技术和产品的持续融合趋势。这种融合的趋势也呼吁更大的一致性，最重要的是寻求不同法规和法律领域之间更好的协调。以下关于人工智能对整个法律预期影响的观察支持了以上观点：

> 尽管将每项新技术本身的法律影响考虑在内很重要，但我们的观点是，应该更多地关注新技术特别是那些由人工智能支持的技术，以至少看起来深不可测的方式相互连接和相互作用时，所带来的风险。②

这种做法的必要性也充分体现在经验上，特别是与所有权在特

① Fabio Ancarani and Michele Costabile，“Coopetition Dynamics in Convergent Industries：Designing Scope Connections to Combine Heterogeneous Resources” in Saïd Yami et al.（eds.），*Coopetition*：*Winning Strategies for the 21st Century*（Cheltenham：Edward Elgar，2010）216—237，216.

② Iria Giuffrida，Fredric Lederer，and Nicolas Vermeys，“A Legal Perspective on the Trials and Tribulations of AI：How Artificial Intelligence，the Internet of Things，Smart Contracts，and Other Technologies Will Affect the Law”（2018）68（3）*Case Western Reserve Law Review* 747—782，780.

定媒体和不同媒体之间不断集中趋势有关的各种风险中。① 这种趋势在国内和全球不同的部门②，如印刷媒体、电视广播公司、电影制作公司和图书出版公司中都有记录。在人工智能的帮助下，未来每个行业将只剩下“五大”，或数量更少的大玩家，正如媒体行业（如时代华纳、沃尔特·迪斯尼、新闻集团、维亚康姆集团和贝塔斯曼）和大型科技公司（如谷歌、亚马逊、苹果、脸书和微软）所显示的那样。③ 金融市场上主要机构投资者的崛起预示着所有行业的未来趋势，并产生了一个明显的悖论：由于集体持有竞争公司的股份，即使是微小的所有权股份也会产生重大的反竞争影响。④ 这种共同所有权问题被认为是一个新发现的竞争问题，“具有重大意义，但长期以来一直没有被竞争管理机构发现”。⑤ 当然，这些与共同所有权相

① Justin R. Schlosberg，*Media Ownership and Agenda Control*：*The hidden limits of the information age*（New York：Routledge，2017）8.

② Mimo Draskovic，“Concentration of Media Ownership as a Global Phenomenon”（2011）7（2）*Montenegrin Journal of Economics* 145—152，145.

③ Jason Whittaker，*Tech Giants*，*Artificial Intelligence*，*and the Future of Journalism*（New York：Routledge，2019）4，Royston Greenwood and Roy Suddaby，“Institutional Entrepreneurship in Mature Fields：The Big Five Accounting Firms”（2006）49（1）*The Academy of Management Journal* 27—48，30.

④ Jennifer G. Hill，“The Conundrum of Common Ownership”（2020）53（3）*Vanderbilt Journal of Transnational Law* 881—906，881.

⑤ Ulrich Schwalbe，“Common Ownership and Competition—The Current State of the Debate”（2018）9（9）*Journal of European Competition Law & Practice* 596—603，603.

关的反竞争效应有着更广泛的影响。传统媒体中，交叉持股已经导致了一个奇怪的悖论：各种产品的数量增加，但内容的多样性却在减少。[①] 在“大科技”的帮助下，新媒体将把这一悖论和其他悖论推向新的高度，特别是当融合的趋势从传统媒体蔓延到新媒体以及其他部门时。[②]

人们已经发现，随着数字的融合，曾经划分大众媒体、电信和计算机行业的界限已经被跨越，这一点可以从多个例子中看出，比如软件操作系统公司提供电话服务，电话公司提供视频传播，电视机制造商变成音乐和游戏公司。[③] 技术融合也导致了对媒体内容的控制更加集中，还导致了中间商和传统的新闻供应商在把关和议程设置方面承担了更为关键的角色。[④] 这些权力不可避免地增加了通过不同新媒体渠道行使更大精神控制的可能性，这些渠道也吸引着不同的感官，如印刷媒体和电视吸引视觉、广播吸引听觉。

---

① Harvey B. Feigenbaum，“The paradox of television privatization：When more is less”（2009）27（3）*Policy and Society* 229　237，229 and Kari Karppinen（ed.），*Rethinking Media Pluralism*（New York：Fordham University Press，2012）103—123.

② Ronald E. Rice，“Artifacts and Paradoxes in New Media”（1999）1（1）*New Media & Society* 24—32，27—31.

③ Eli M. Noam，*Who Owns the World's Media？ Media Concentration and Ownership around the World*（Oxford：Oxford University Press，2016）4.

④ Schlosberg，*supra* note 29，153.

因此，从过去的监管经验中学习至关重要。可以预期，不久之后，这些传统但集中的媒体渠道与各种个性化的人工智能技术和系统相结合，将把这种媒体融合的趋势带到新行业和生活的各个领域。这一新现实将通过“议程控制”开启前所未有的“精神控制”。① 同样的趋势也适用于任何科学技术都将更多地使用潜意识教化技术的可能性，这为人工智能系统进行更广泛的定义提供了额外的论据。就此而言，也可以预期，某些核心技术，如计算机和数字化，将逐渐对所有其他经济部门和技术投下阴影，最重要的是，对生活的各个层面投下阴影。这一论点得到了以下事实的支持：与创意产业一样，人工智能系统可以被描述为具有跨领域和多维度性质，需要创新、跨部门和多学科的政策反应以及部际行动。② 同样，也需要在全球层面上进行更好的机构间合作和制度间协调。③ 因此，一个更广泛和更具包容性的方法也增加了法律及政策克服法律过时性的机

① Gavin Ellis，*Trust Ownership and the Future of News*：*Media Moguls and White Knights*（New York：Palgrave Macmillan，2014）18.

② United Nations Conference on Trade and Development（UNCTAD），*World Creative Economy Report 2010*：*Creative Economy*：*A Feasible Development Option*（Geneva：UNCTAD，2010）10 and 28.

③ Christian Tietje，“Global Governance and Inter-Agency Co-operation in International Economic Law”（2002）36（2）*Journal of World Trade* 501—515 and Margaret A. Young（ed.），*Regime Interaction in International Law*：*Facing Fragmentation*（Cambridge：Cambridge University Press，2012）.

会，使其更加“面向未来”。[①]

然而，法律和政策的“面向未来”意味着它们有能力解决一些悖论，比如我们这个时代的悖论，或者产业和产品的融合与法律和法规更大差异的悖论。[②] 反过来也意味着重新思考一些包括认知在内的基础，法律在这些基础上制定、通过和实施。原因是，人工智能系统使创意产业以“创造性破坏”方式[③] 扰乱整个行业的趋势得以延续，并继续侵蚀赋予最重要法律概念以及主流推理模式的传统意义。对最后一点的最好总结是“明确规定此事物，亦即排除他事物”（*expressio unius est exclusio alterius*）的原则，对此原则的解释必须依据新的法律逻辑进行审查。[④] 文化产业产品具有双重性质（兼

① Anupam Chander，“Future-Proofing Law”（2017）51（1）*U.C. Davis Law Review* 1—25 and Sofia Ranchordás and Mattis van't Schip，“Future-Proofing Legislation for the Digital Age” in Sofia Ranchordás and Yaniv Roznai，“Introduction” in Sofia Ranchordás and Yaniv Roznai（eds.），*Time*，*Law*，*and Change*：*An Interdisciplinary Study*（Oxford：Hart Publishing，2020）347—365.

② Neuwirth，“Global Market Integration and the Creative Economy：The Paradox of Industry Convergence and Regulatory Divergence”，*supra* note 26，29 and David Held，*Cosmopolitanism*：*Ideals and Realities*（Cambridge：Polity Press，2010）143.

③ Joseph A. Schumpeter，*Capitalism*，*Socialism and Democracy*，2nd ed.（New York：Harper，1947）81—86.

④ Alexandre Senegacnik，“Expressio Unius（Est）Exclusio Alterius” in Hélène Ruiz Fabri（ed.），*Max Planck Encyclopedia of International Procedural Law*（Oxford：Oxford University Press，2018）and H. Patrick Glenn，“Choice of Logic and Choice of Law” in H. Patrick Glenn and Lionel D. Smith（eds.），*Law and the New Logics*（Cambridge：Cambridge University Press，2017）162—167，162.

具文化性和商业性），正是这种双重性质给其如何在国际贸易和文化领域各自为政的法律制度中得到妥善处理带来了严重问题。人工智能系统的性质将把这一挑战推向前所未有的高度，以前的各种二分法，包括那些区分人类和机器或思想是私人的和公共的二分法，将不得不从源头上重新考虑。“电子人”（控制论有机体的简称）作为一种矛盾修辞法也提醒我们，“当然，曾经的科学语言并不要求我们像活死人一样容忍矛盾修辞法”。[①] 现如今，人工智能已经被认为是一个游戏规则的改变者，并将在多个领域产生持久影响，且具有更广泛的意义。因此，法律需要一种新思维，此种思维基于更深刻的分析和如何使各级政府及各种不同法律制度之间更协调的研究。

在欧盟内部，人们已经越来越意识到欧盟《人工智能法案》《通用数据保护条例》《数字市场法》[②]《数字服务法》[③]，民事责任制度和

---

① Eric S. Rabkin，“Undecidability and Oxymoronism” in George E. Slusser and Tom A. Shippey（eds.），*Fiction 2000*：*Cyberpunk and the Future of Narrative*（Athens，GA：University of Georgia Press，1992）262—278，265 and Timo Siivonen，“Cyborgs and Generic Oxymorons：The Body and Technology in William Gibson's Cyberspace Trilogy”（1996）23（2）*Science Fiction Studies* 227—244，227.

② European Commission，*Proposal for a Regulation of the European Parliament and of the Council on contestable and fair markets in the digital sector*（*Digital Markets Act*），COM（2020）842 final（12 December 2020）[DMA].

③ European Commission，*Proposal for a Regulation of the European Parliament and of the Council on a Single Market For Digital Services*（*Digital Services Act*）*and amending Directive 2000/31/EC*，COM（2020）825 final（15 December 2020）[DSA].

《产品责任指令》[1]《不公平商业行为指令》[2]《电子商务指令》[3]《视听媒体服务指令》[4]，以及计划中的虚拟和增强现实监管之间的内在联系，虚拟和增强现实监管被发现存在“跨行业、跨玩家和应用的碎片化”。[5]与潜意识教化或可能操纵行为的技术，如人工智能、大数据、隐私和不公平商业行为有关的不同法律之间已经建立了各种联系。[6]然而，仅仅协调这些单独的法律和法规还远远不够。技术的交叉性意味着必须更好地协调和整合各种法律和法规，最好是将它们置于一个连贯一致的宪法框架之下，确保它们与更广泛的法律领

---

① Council Directive 85/374/EEC（Product Liability Directive），OJ L 210/29（7 August 1985）[PLD] and European Parliament，*Resolution of 20 October 2020 with recommendations to the Commission on a civil liability regime for artificial intelligence*（*2020/2014*（*INL*）），P9_TA（2020）0276（20 October 2020）.

② Directive 2005/29/EC（Unfair Commercial Practices Directive），OJ L 149/22—39（11 June 2005）.

③ Directive 2000/31/EC（Electronic Commerce Directive），OJ L 178/1—16（17 July 2000）.

④ Directive（EU）2018/1808（Audiovisual Media Services Directive），OJ L 303/69—92（28 November 2018）[*Italics* added][AVMSD].

⑤ European Commission，*Europe's Media in the Digital Decade*：*An Action Plan to Support Recovery and Transformation*，COM（2020）784 final（3 December 2020）12.

⑥ Philipp Hacker，“Manipulation by Algorithms. Exploring the Triangle of Unfair Commercial Practice，Data Protection，and Privacy Law”（2021）*European Law Journal* 1—34，28；https：//doi.org/10.1111/eulj.12389 and Eliza Mik，“The erosion of autonomy in online consumer transactions”（2016）8（1）Law，Innovation and Technology 1—38.

域保持一致，这些法律领域包括但不限于基本权利、[①]竞争法[②]、税法[③]、金融法[④]、侵权法[⑤]、刑法[⑥]、知识产权法[⑦]、国际贸易法[⑧]和国际法[⑨]，其中每个领域都已经单独与人工智能的破坏性影响进行了斗

---

① Steven Livingston and Mathias Risse，“The Future Impact of Artificial Intelligence on Humans and Human Rights”（2019）33（2）*Ethics & International Affairs* 141—156，155.

② Nicolas Petit，“Antitrust and Artificial Intelligence：A Research Agenda”（2017）8（6）*Journal of European Competition Law & Practice* 361—262 and Joseph E. Harrington，Jr.，“Developing Competition Law for Collusion by Autonomous Artificial Agents”（2019）14（3）*Journal of Competition Law & Economics* 331—363.

③ Stephanie Hoffer，“What if Tax Law's Future is Now？ An Introduction to the Symposium on Artificial Intelligence & The Future of Tax Law”（2020）16（1）*The Ohio State Technology Law Journal* 67—72.

④ Tom C.W. Lin，“Artificial Intelligence，Finance，and the Law”（2019）88（2）*Fordham Law Review* 531—552.

⑤ Hannah R. Sullivan and Scott J. Schweikart，“Are Current Tort Liability Doctrines Adequate for Addressing Injury Caused by AI？”（2019）21（2）*AMA Journal of Ethics* E160—166.

⑥ Ryan Abbott and Alex Sarch，“Punishing Artificial Intelligence：Legal Fiction Or Science Fiction”（2019）53（1）*UC Davis Law Review* 323—384，328 and Gabriel Hallevy，*Liability for Crimes Involving Artificial Intelligence Systems*（Cham：Springer International，2015）22.

⑦ Reto Hilty，Jyh-An Lee and Kung-Chung Liu（eds.），*Artificial Intelligence and Intellectual Property*（Oxford：Oxford University Press，2021）.

⑧ Shin-yi Peng，Ching-Fu Lin and Thomas Streinz（eds.），*Artificial Intelligence and International Economic Law：Disruption，Regulation，and Reconfiguration*（Cambridge：Cambridge University Press，2021）.

⑨ Ashley Deeks，“Introduction to the Symposium：How Will Artificial Intelligence Affect International Law？”（2020）114 *American Journal of International Law Unbound* 138—140.

争。对欧盟而言，这种必要性超出了单纯的宪法辩论，还应该包含制定一部适当的欧盟宪法计划。①

更重要的是，这些独立法律领域中的每一个挑战都会因为正在进行的融合、日益增长的相互联系以及所有权的集中问题而变得愈发严峻。因此，所有这些法律领域都必须纳入一个建立在基本权利和主要法典上的宪法体系中。最重要的是，它们必须基于一种共同语言，以及基于一种对与未来人工智能和生活有关目标的共同理解。同时，欧盟必须作出平行努力，与其他合作伙伴，特别是中国、俄罗斯和美国协调其计划，这样才能使教科文组织内部所作的全球努力具体化并最终转化为一套统一的全球法律。对于整个世界而言，这意味着“宪法化”，而不仅仅是“理论化”的全球法律秩序。

未来人工智能的技术创新，特别是与脑机接口、功能性磁共振成像、大数据、物联网、区块链、机器人、眼球追踪和其他技术，

① Peggy Valcke，Damian Clifford，and Vilte Kristina Dessers，“Constitutional Challenges in the Emotional AI Era” in Hans-W. Micklitz et al.（eds.），*Constitutional Challenges in the Algorithmic Society*（Cambridge：Cambridge University Press，2022）57—77，71 and Rostam J. Neuwirth，“The European Union as an Oxymoron：From Contest via Contradiction to Constitution？” in Julien Chaisse（ed.），*Sixty Years of European Integration and Global Power Shifts*：*Perceptions*，*Interactions and Lessons*（Oxford：Hart，2019）51—65，57.

工具或应用有关的技术创新[①]，可能会对现有法律概念的含义和解释产生滚雪球效应，其影响已经反映在语言的变化上，特别是矛盾、悖论和波特曼托文字（portmanteau words）的兴起，这些都必须适当考虑在内。换言之，这意味着在不同领域的许多微小的和几乎无法察觉的变化仍然可能对整个系统产生巨大的、可衡量的影响；这也意味着微小的变化可能会导致传统方法和基本假设的根本改变，“范式转变”的概念很好地概括了这一现象。出于这个原因，我们也有必要简要地梳理一下人工智能系统的更广泛影响，特别是与法律有关的潜意识教化技术的影响。

二、对法律的更广泛影响：迈向认知自由权

人工智能领域的持续发展，尤其是认知科学的发展，表明了对人类思维更剧烈及可测量影响的到来，这将决定我们如何感知、处理和组织生活。这些影响甚至将决定未来几代人的生活。技术对人类影响的与日俱增伴随着法律和科学责任的随之增大。综上所述，

① Gabriel A. Silva，“A New Frontier：The Convergence of Nanotechnology，Brain Machine Interfaces，and Artificial Intelligence”（2018）12（843）*Frontiers in Neuroscience* 1—8；doi：10.3389/fnins.2018.00843 and Yinong Chen，“IoT，cloud，big data and AI in interdisciplinary domains”（2020）102 *Simulation Modelling Practice and Theory* 1—5；https：//doi.org/10.1016/j.simpat.2020.102070.

法律、语言、科学、技术和世界上大多数其他现象不仅共同起源于思想，而且在当今时代，它们正经历着巨大的变化。

正如将 21 世纪描述为“悖论时代”[①]所体现的，其中许多剧变表现为遇到深刻的矛盾，令人不安的悖论，以及越来越多的“矛盾修辞法”，即悖论的修辞学。[②]在法律上，这些矛盾修辞法催生了一些“法律困境”，与看似无法解决的规范性冲突息息相关。[③]这一观察得到了众多与人工智能和相关概念相同的新名词的背书，这些新名词都有资格成为矛盾修辞法，如“原始数据”“社交媒体”或“虚拟现实”。[④]回顾一下，悖论和矛盾修辞法，被称为“本质矛盾概念”（essentially oxymoronic concepts），这一术语的提出是为了向沃尔特·加利（Walter Gallie）的“本质争议概念”（essentially contested

---

① Charles Handy, *The Age of Paradox*（Boston: Harvard Business School Press, 1995）x.

② Helen Vendler, *The Music of What Happens: Poems, Poets, Critics*（Cambridge: Harvard University Press, 1988）242.

③ James N. Rosenau, “Governance in the 21st Century”（1995）1（1）Global Governance 13—43, 13, Valentin Jeutner, *Irresolvable Norm Conflicts in International Law: The Concept of a Legal Dilemma*（Oxford: Oxford University Press, 2017）, and Rostam J. Neuwirth, *Law in the Time of Oxymora: A Synaesthesia of Language, Logic and Law*（New York: Routledge, 2018）.

④ Rostam J. Neuwirth, “The ‘Letter’ and ‘Spirit’ of Comparative Law in the Time of ‘Artificial Intelligence’ and other Oxymora”（2020）26（1）*Canterbury Law Review* 1—31, 9—13.

concepts）致敬，这两个词的共同点在于带有不同程度的矛盾术语，通过从一个词到两个或多个句子的不同修辞数字表达。[①] 首先，对悖论的正确理解至关重要，因其持续定义我们生活的各个方面，以至于悖论随处可见。[②] 这对法律而言也非常重要，因为在法律中，人们发现矛盾修辞法和悖论正在增加，并破坏了传统的二元法律思维和排他性逻辑。[③] 最重要的是，有学者指出，对悖论的理解对于塑造未来以及可能更好的命运过程至关重要。[④]

简而言之，这些新颖的"本质矛盾概念"的提法描绘了一个快速变化的技术和社会环境，同时也突出了传统法律思维模式的缺陷以及许多既定法律概念和制度结构的局限性。最能概括这种特质的一个悖论是"我们时代的悖论"，大卫·海尔德（David Held）将其概述如下：

> 我们时代的悖论可以简单地概括为：我们必须处理的集体

---

① Rostam J. Neuwirth "Essentially Oxymoronic Concepts"（2013）2（2）*Global Journal of Comparative Law* 147—166，150.

② Andreas Wagner，*Paradoxical Life*：*Meaning*，*Matter*，*and the Power of Human Choice*（New Haven：Yale University Press，2009）3.

③ Neuwirth，*Law in the Time of Oxymora*，*supra* note 67，255.

④ Handy，*supra* note 65，xi.

问题越来越具有全球性，然而，解决这些问题的手段却是国家、地方、薄弱和不完整的。①

可悲的是，这个悖论不仅适用于人工智能，也适用于许多更紧迫的全球问题，包含但不限于新型冠状病毒全球大流行、气候变化和可持续发展目标（SDGs）所涵盖的其他问题，甚至“可持续发展”的概念也符合矛盾修辞法的要求。②解决这些名目众多但相互关联的问题、避免更多的灾害和灾难，需要国际社会共同努力以建立一个新的全球法律框架。最重要的是，需要新的想法，其中一些想法在一个名为“GAIA”的未来全球性机构的科学虚构描述中得到概述，例如将地方和全球治理结合成“全球地方治理”（glocal governance），并通过整体性补充层次性。③建立一个未来主管人工智能的国际组织，如“国际人工智能机构”（IAIA）的类似想法，也

① Held，*supra* note 42，143.

② Esther Njiro，“Introduction：Sustainable Development an Oxymoron？”（2002）52 *Agenda* 3—7.

③ Rostam J. Neuwirth，“GAIA 2048—A ‘Glocal Agency in Anthropocene’：Cognitive and Institutional Change as ‘Legal Science Fiction’ ”，in Meredith Kolsky Lewis，Junji Nakagawa，Rostam J. Neuwirth，Colin B. Picker and Peter-Tobias Stoll（eds.），*A Post-WTO International Legal Order*：*Utopian*，*Dystopian and Other Scenarios*（Cham：Springer，2020）71—92.

被提出。[①]后者的理由如下：

> 由于全球问题需要全球解决方案，我们建议建立一个国际人工智能监管机构，该机构利用跨学科的专业知识可以为人工智能技术的监管建立一个统一框架，并为世界各地人工智能政策的制定提供参考。[②]

必须认真对待这些关于全球机构框架的建议，因为据预测，人工智能也将对全球事务和国际法产生全球性的破坏性影响。这也意味着，如果不加以规范，全球人工智能将能够扰乱未来全球法律秩序的文书、机构和概念。[③]在人工智能领域提供一个可行的国际监管合作框架的另一个原因在于，“避免发展各国各自为政的人工智能

---

① Simon Chesterman，“Weapons of Mass Disruption：Artificial Intelligence and International Law”，*NUS Law Working Paper 2021/009*（April 2021）1；https：//law.nus.edu.sg/wp-content/uploads/2021/05/009_2021_SimonC.pdf and Olivia J. Erdélyi and Judy Goldsmith，“Regulating Artificial Intelligence：Proposal for a Global Solution”（2018）*AIES '18：Proceedings of the 2018 AAAI/ACM Conference on AI，Ethics，and Society* 95—101，100；https：//doi.org/10.1145/3278721.3278731.

② Erdélyi and Goldsmith，*ibid*，95.

③ Matthijs M. Maas，“International Law Does Not Compute：Artificial Intelligence and the Development，Displacement or Destruction of the Global Legal Order”（2019）20（1）*Melbourne Journal of International Law* 29—57，29 and 56.

政策，这可能导致国际紧张局势”。① 国家政策碎片化问题通过被称为地理定位或地理封锁的措施，在某些技术产品（如 DVD 光盘）以及互联网市场的碎片化中被广为知晓。② 在国家（未经协调）对一个相关问题，即“假新闻”的监管中，也可以看到同样的问题，此类监管主要在国内进行，并未考虑到旧的国际文书，如联合国大会 1953 年*《国际更正权公约》*的复兴。③

因此，我们这个时代的悖论只是众多悖论中的一个，并体现了这样一个事实：其所记录的现象指向了更深层次的问题，正如乔治·弗莱彻（George P. Fletcher）在下文中所建议的，这些问题应该在认知层面上寻求解决：

---

① Erdélyi and Goldsmith，*supra* note 76，95 and 100.

② Rostam J. Neuwirth，“The Fragmentation of the Global Market：The Case of Digital Versatile Discs（DVDs）”（2009）27 *Cardozo Arts & Entertainment Law Journal* 409—458，Marketa Trimble，‘The Future of Cybertravel：Legal Implications of the Evasion of Geolocation’（2012）22（3）*Fordham Intellectual Property Media and Entertainment Law Journal* 567—657，569—570，Peter K. Yu，“A Hater’s Guide to Geoblocking”（2019）25（2）*Boston University Journal of Science and Technology Law* 503—529 and European Commission，*Geo Blocking Practices in e-Commerce*，SWD（2016）70 final（18 March 2016）.

③ Baade，*supra* note 15，Rostam J. Neuwirth，“The Regulation of ‘Fake News’ in the Time of Oxymora：Facts and Fictions about the Covid-19 Pandemic as Coincidences or Predictive Programming？”（2021）*International Journal for the Semiotics of Law* 1—27；https：//doi.org/10.1007/s11196-021-09840-y，and the *Convention on the International Right of Correction*，New York，31 March 1953，435 UNTS 191.

> 人们会预料到，除非我们恰当地解决作为我们法律制度基础的问题，否则将产生悖论和二律背反。既然我们更确切地知道这些难题和矛盾是什么，我们就应该有动力以更大的紧迫感来攻克基本的法学问题。如果希望避免令人沮丧的矛盾，*我们就必须对指导我们思考的法律前提达成更深入的理解*。[①]

同时，这些悖论似乎也表明，社会和知识界需要将“一种更具实验性和灵活性的逻辑”渗入法律。[②]这种灵活或模糊逻辑的潜在好处已经在人工智能、非常规计算以及文字计算的发展中被指出。[③]矛盾修辞法和悖论的这些优点同样也适用于其他领域，一般而言，它们“为测试模型和概念框架提供了强有力的机会，并在某些科学探索领域实现了真正的‘范式转变’”，以及“有助于对人类状况的

---

① George P. Fletcher，“Paradoxes in Legal Thought”(1985) 85 (6) *Columbia Law Review* 1263—1292，1292.

② John Dewey，“Logical Method and Law”(1924) 10 (1) *Cornell Law Quarterly* 17—27，26.

③ Pier Luigi Gentili，“Establishing a New Link between Fuzzy Logic，Neuroscience，and Quantum Mechanics through Bayesian Probability：Perspectives in Artificial Intelligence and Unconventional Computing”(2021) 26 (5987) *Molecules* 1—18，1；https：//doi.org/10.3390/molecules26195987 and Lotfi A. Zadeh，“Fuzzy Logic=Computing with Words” (1996) 4 (2) *IEEE Transactions on Fuzzy Systems* 103—111.

各种状态形成更积极、更人性化的看法”。[1]因此，我们没有理由排除在法律中产生类似有益影响的可能性。为了说明这一主张，我们不妨简单将镜头转向一般的人权领域，特别是思想自由权。

并非巧合的是，人权也被框定为一个悖论，即它们是“永远且非普遍的”，理由如下：

> 人权自相矛盾。一方面，人权具有超越性。人权获得了力量和购买力，因为人权属于所有人，无论这些人是谁，无论他们在哪里。另一方面，我们都是人，因而享有人权的这种想法只是一种贪图方便的假设。人类只在特定的地方通过特定的工具和特定的保护来实现其权利。[2]

简而言之，可以说人权的真正普遍性在于这样一个悖论：所有人类都是平等的，因为每一个人都是真正独特的。另一个悖论是，尽管声称人权不可分割，但核心国际人权文书的特点是将1948年的《世

---

① Narinder Kapur et al.,“The Paradoxical Nature of Nature” in Narinder Kapur (ed.), *The Paradoxical Brain* (Cambridge：Cambridge University Press，2011) 1—13，1.

② Steve J. Stern and Scott Straus，“Embracing Paradox：Human Rights in the Global Age” in Steve J. Stern and Scott Straus (eds.), *The Human Rights Paradox*：*Universality and its Discontents*(Madison：The University of Wisconsin Press，2014) 3—28，3.

界人权宣言》分割成1966年的两个国际公约，即《公民权利和政治权利国际公约》和《经济、社会及文化权利国际公约》。[1] 在欧洲层面，随着欧盟和欧洲委员会的诞生，人权问题上也出现了类似的分裂。[2]

这几个例子清楚地表明，应将新颖的思维方式应用于人权，尤其是与人工智能最密切相关的权利，即思想自由权。这项权利可以在一些国际人权文书，如《公民权利和政治权利国际公约》《欧洲人权公约》和《欧洲联盟基本权利宪章》中找到。[3]《世界人权宣言》第18条将这项权利的内容概括如下：

> 人人有权享受思想、良心和宗教自由；此项权利包括改变其宗教或信仰的自由，以及单独或集体、公开或秘密地以教义、实践、礼拜和戒律表示其宗教或信仰的自由。[4]

---

① *International Covenant on Civil and Political Rights*, 16 December 1966, 999 U.N.T.S. 171 [ICCPR] and *International Covenant on Economic, Social and Cultural Rights*, 16 December 1966, 993 U.N.T.S. 3 [ICESCR] .

② Gerard Guinn, "The European Union and the Council of Europe on the Issue of Human Rights: Twins Separated at Birth" (2001) 46 (4) *McGill Law Journal* 849—874.

③ Art. 18 ICCRP, *supra* note 87; Art. 9 *European Convention for the Protection of Human Rights and Fundamental Freedoms*, 4 November 1950, ETS 5; and Art. 10 *Charter of Fundamental Rights of the European Union*, OJ C 326/391—407 (26 October 2012)[CFR] .

④ *Universal Declaration of Human Rights*, GA Res 217 A (III)(adopted 10 December 1948)[UDHR] .

在良心和宗教的背景下提到“思想自由权”，似乎在某种程度上掩盖了其孤立的意义。这可能部分解释了为什么思想自由权似乎被“遗忘”了，缺乏现实相关性，与它的实际意义形成鲜明对比。[①]这也与思想领域的意义产生了共鸣，因为宇宙中存在的几乎任何东西都“可以被体验为信息”。[②]这与这样的理解相吻合：信息不仅仅是无形的，而且在物质上“形成”了信息的接受者，在“知情”(*in-formed*)或“在形成”(*in formation*)的意义上。[③]在改变了计算机和通信的信息理论中也是如此，“信息”不仅仅是数据的交流，它跨越了不同的科学（如热力学、相对论、量子力学、遗传学、宇宙学、天文学和量子计算），并将这些科学结合到“宇宙中的一切都由信息构建”的假说中。[④]

---

① Jan Christoph Bublitz，“Freedom of Thought in the Age of Neuroscience：A Plea and a Proposal for the Renaissance of a Forgotten Fundamental Right”(2014) 100 (1) *Archiv für Rechts- und Sozialphilosophie* 1—25，12.

② Marcia J. Bates，“Fundamental Forms of Information”(2006) 57 (8) *The Journal of the Association for Information Science and Technology* 1033—1045，1033.

③ Ervin Laszlo，*Science and the Akashic Field：An Integral Theory of Everything*，2nd ed.(Rochester：Inner Traditions，2007) 13.

④ Raghunath Tiruvaipati，*Information Theory of the Cosmos：How the New Science of Information Changes Our Understanding and Perception of the Universe* (New Delhi：Educreation，2018) viii.

所有这些趋势因神经科学和计算机的快速发展而加速，也被人工智能所利用，诠释了重新解释信息自由权的迫切需要。这种需要可以以营销和其他说服性方法对思想和决策的影响为例，具体如下：

> 如果认为市场营销就像一些倡导者仍然假装的那样，主要是为了传递信息，那也太天真了，甚至是荒谬的。从常识和规范的角度来看，市场营销涉及改变思想和影响决策。原则上，这种手段可能会干扰消费者不受操纵性干预的权利。①

此外，由于潜意识教化技术在各种研究中都被发现有效，这些干预措施确实可以被视为涉及思想自由的“侵权行为的典型案例”。② 这一发现强调了根据监管环境的变化以重新审视和解释信息自由权的必要性。从实际情况来看，重新解释必须同时考虑相关权利，而且很可能完全采用新的方法来解释基本权利。原因是信息自由权也与意见和表达自由权有关，正如《世界人权宣言》中所规定的那样：

①② Bublitz，*supra* note 91，12.

人人有权享有主张和发表意见的自由；这项权利包括持有主张而不受干涉的自由，以及通过任何媒介和不分国界寻求、*接受和传递信息和思想的自由*。①

这也是"矛盾性思维"的实际作用所在，它被理解为一种被称为"直觉"②"系统"③"创造性"④和"矛盾"⑤思维等方法的组合。⑥简而言之，矛盾性思维要求考虑不同权利，如信息权和言论自由权，在寻求对当前问题的更深更广理解时，并不是直接对立而是相互补充。矛盾性思维还需要特别的技巧来处理规范冲突所造成的法律困境。解决这些困境意味着接受法律困境的概念，但不将其视为规范之间不可解决的冲突，而是将其视为寻求更加包容和一致问题解决

---

① Art. 19 UDHR，*supra* note 90［*Italics* added］. Cf. Art. 11 CFR，*supra* note 89.

② William J. Stewart，"Stimulating Intuitive Thinking through Problem Solving"（1988）62（4）*The Clearing House* 175—176.

③ Raul Espejo，"What Is Systemic Thinking?"（1994）10（2—3）*System Dynamics Review* 199—212.

④ John Adair，*The Art of Creative Thinking*：*How to Be Innovative and Develop Great Ideas*（London：Kogan Page，2007）.

⑤ Jerry L. Fletcher，*Paradoxical Thinking*：*How to Profit from Your Contradictions*（San Francisco：Berrett-Koehler Publishers，1997）.

⑥ Neuwirth，*Law in the Time of Oxymora*：*A Synaesthesia of Language*，*Logic and Law*，*supra* note 67，121，125，173 and 179.

方案的任务。[①] 随着量子计算和其他现象带来的进步，“在某些情形下，某种行为作为实在法的问题，既合法又非法”的情形，只会越来越多且越来越重要。[②] 大多数法律问题都是自相矛盾的，正如本杰明·卡多佐（Benjamin N. Cardozo）的“裁决”所恰当诠释的那样，法律的基本问题是“不可调和的调和，反义词的合并，和对立面的合成”。[③]

这同样适用于与人工智能系统有关的事实领域，信息可能同时由潜意识和超意识接收，可能同时是告知和误传的、事实和虚构的等等。换言之，未来将遇到的那种事实和法律问题不太可能用纯粹的二元论，即“用准确性换取简单性”的方法成功地框定。[④] 迅速的技术革新已经证实，严格的二元监管技术，如禁令或戒律，已经陈旧且不适当。[⑤]

因此，这些问题被很好地描述为“多体问题”（multiple-body

---

① Jeutner，*supra* note 67，93 *et seq*.

② Jeffery Atik and Valentin Jeutner，“Quantum Computing and Computational Law”（2021）13 Law，*Innovation and Technology* 302—324，314.

③ Benjamin N. Cardozo，*The Paradoxes of Legal Science*（New York：Columbia University Press，1928）4—5.

④ Bart Kosko，*Fuzzy Thinking*：*The New Science of Fuzzy Logic*（New York：Hyperion，1993）21.

⑤ Iris Eisenberger，*Innovation im Recht*（Wien：Verlag Österreich，2016）156—157.

problems），这个术语通常涵盖了预测天体相互影响的运动的困难。[①] 同样地，对（潜意识）信息的管理也受到一些基本权利的影响，以及信息自由权和言论自由权之间明显紧张关系的影响。这里应该提到的第三套相关的基本权利是隐私权和保护个人数据的权利。前者在各种宪章中都有广泛规定，但《世界人权宣言》第 12 条的版本保证“任何人的隐私不得受到任意干涉……”和“任何人都有权得到法律保护，免受这种干涉或攻击”。在欧盟，后一项权利是从前一项权利中具体化而来，这一漫长过程涉及几个开创性的国际“数据保护”文书，如 1980 年经济合作与发展组织颁发的《隐私保护与个人数据跨境流动准则》和 1981 年《关于在自动处理个人数据方面保护个人的公约》。[②] 在《欧盟基本权利宪章》第 8 条的版本中，个人数据保护权的内容被概述如下：

1. 每个人都有权保护有关他 / 她的个人数据。

2. 这些数据必须为特定的目的并在有关人员的同意或法律

---

① Vincent M. Guibout and Daniel J. Scheeres，“Solving Two-Point Boundary Value Problems Using Generating Functions：Theory and Applications to Astrodynamics” in Pini Gurfil（ed.），*Modern Astrodynamics*（Amsterdam：Elsevier，2007）53.

② Gloria González Fuster，*The Emergence of Personal Data Protection as a Fundamental Right of the EU*（Cham：Springer International，2014）14.

规定的其他合法基础上公平处理。每个人都有权查阅已收集的有关他/她的数据，并有权要求予以纠正。

3. 对这些规则的遵守应受到一个独立机构的控制。[①]

这些权利和其他权利（如健康权）[②]之间的内在联系在“精神隐私”的概念中一览无遗，联合国教科文组织国际生物伦理委员会（IBC）在涉及与神经技术有关的新的潜在风险方面使用了这一概念。在此种情形下，IBC 承认隐私权与其他几项权利密切相关，如“自由权包含不同的法律和道德面向，如言论自由、结社自由、地点自由、行动和空间自由、信仰自由、思想自由、情感自由以及行为自由”。[③]精神隐私是一种信念表达，即我们的思想是私密的，不能从外部获取，这是我们自我模式的根本。[④]然而，能够将大脑数据和数字数据结合起来或通过植入式神经设备以及功能性磁共振成

① Art. 8 CFR, *supra* note 89.

② Art. 25 UDHR, *supra* note 90; Art. 12 ICESCR, *supra* note 87.

③ UNESCO International Bioethics Committee (IBC), *Preliminary Draft Report of the IBC on Ethical Issues of Neurotechnology*, SHS/BIO/IBCExt/2021/3 (15 December 2020) 14—15.

④ John-Dylan Haynes, "Brain Reading", in Sarah D. Richmond, Geraint Rees, and Sarah J. L. Edwards (eds.), *I Know What You're Thinking: Brain Imaging and Mental Privacy* (Oxford: Oxford University Press, 2012) 34—40, 38.

像传输的神经技术的进步，已经使人们能够读懂思想，并使思想能够被公开。对于此，国际生物伦理委员会明确指出了“读心术”的复杂风险和社会问题，它通过使用意外发现的数据或检测个人未知心理状态的神经影像来实现，并强调这种数据是在“*未经受影响个人的同意，甚至在个人不知道这种信息正在被获取*”的情况下获得的。[①]

以上最后一句话体现了部署了超意识和潜意识方法的技术的综合作用。早前的论述已经表明，一般而言，感知依赖于所有五种传统的感官，也可能依赖于其他一些既未被分类也不为人所知的感官。综上所述，对认知和大脑的深入理解支持了对感知和信息以及基本权利和监管的全面而一致的框架和综合方法的需要。对于此，也许可以在过去零散的感官分类和当前的政治法律框架之间建立起一种平行关系。同样，也可以在语言学和技术变革最近的趋同趋势之间建立起一种平行关系。语言领域的趋势表现为更多地使用“混成词”［混成词（portmanteau word）是一个“包含两个意思的词”[②]］，如表情包的英文单词“emoticon”，由“emotion”和“icon”创造而

① UNESCO International Bioethics Committee（IBC），*supra* note 112，14—15［*Italics* added］.

② Carroll Lewis，*Through the Looking Glass*，*and What Alice Found There*（London：MacMillan，1872）127.

来。[①] 这种趋势也符合本质矛盾概念的趋势，当一个词组将两个明显对立的意思结合起来时，它就变成了一种“矛盾修辞法”。在技术领域，这一趋势表现为产品和行业的融合，以今天的“网络”[②]“数字”[③]“共享”[④]“数据驱动”[⑤]“区块链”[⑥]“体验”[⑦]以及“创意经济”为特征，[⑧]这里仅列举几个相关概念。结合起来，这两种趋势也出现在商标法领域，即所谓的“品牌名称中的混合体明显流行”。[⑨]

---

① Jen Doll，“Now We're Just Making Stuff Up：A Guide to the Rise of the Portmanteau”，*The Atlantic*（15 September 2012）；https：//www.theatlantic.com/culture/archive/2012/09/now-were-just-making-it-guide-rise-portmanteauing/323626/.

② Börje Johansson Charlie Karlsson and Lars Westin（eds.），*Patterns of a Network Economy*（Berlin：Springer，1994）.

③ Erik Brynjolfsson and Brian Kahin（eds.），*Understanding the Digital Economy：Data，Tools，and Research*（Cambridge：MIT Press，2000）.

④ Arun Sundararajan，*The Sharing Economy：The End of Employment and the Rise of Crowd-Based Capitalism*（Cambridge：MIT Press，2016）.

⑤ José María Cavanillas，Edward Curry and Wolfgang Wahlster（eds.），*New Horizons for a Data-Driven Economy：A Roadmap for Usage and Exploitation of Big Data in Europe*（Cham：Springer 2016）.

⑥ George Gilder，*Life After Google：The Fall of Big Data and the Rise of the Blockchain Economy*（Washington：Regnery Gateway，2018）.

⑦ Joseph B. Pine and James J. Gilmore，*The Experience Economy：Work is Theatre & Every Business a Stage*（Boston：Harvard Business School Press，1999）.

⑧ John Howkins，*The Creative Economy：How People Make Money from Ideas*（London：Penguin，2002）.

⑨ Jelena Danilović Jeremić and Jelena Josijević，“To blend so as to brand：a study of trademarks and brand names”（2019）14 *Lexis* 1—19；https：//doi.org/10.4000/lexis.3732.

综合来看，这些现象也许可以用概念整合（或“混合”）的总趋势来概括，[①] 不仅局限于语言和技术，甚至包含感官，正如“联觉”一词所描述的那样。在更高的层次上，这种趋势可能是一种更深层次的愿望表达，即找到一个关于一切，甚至*最终了解一切*的理论。现如今，伴随着人工智能和大数据的广阔前景，有人认为，“信息时代激发了一些敏锐战略家的梦想，即我们可能能够知道关于世界的一切，并按照自己的意愿去塑造它”。[②] 因此，人工智能可以被视为我们大脑的技术延伸，就像增强现实和虚拟现实是所有感官共同感应的延伸以及“联觉”一词所表达的那样。如果情况如此，也有必要按照赫伯特·乔治·威尔斯（H.G. Wells）提出的“世界大脑”的思路，重新思考法律在我们全球社会中所扮演的角色。这也需要解决法律在法律研究和法律教育方面如何能够适应这些新的且前所未有的挑战的问题。据称这些任务将带来困难的挑战，而这些挑战可能最好用“法律联觉”一词来解决。

---

① Mark Tunner and Fauconnier, “Conceptual Integration and Formal Expression”（1995）10（3）*Metaphor and Symbolic Activity* 183—204, 183.

② Dirk Helbing, *Next Civilization*: *Digital Democracy and Socio-Ecological Finance—How to Avoid Dystopia and Upgrade Society by Digital Means*, 2nd ed.（Cham: Springer, 2021）63.

三、法律联觉：感官的进一步统一是否会导致法律的进一步统一？

如果人工智能作为人类思维的外部投射，将为人类提供预测和创造未来的工具，并在大数据的帮助下，作为一个“数字水晶球”发挥作用①，那么也就有必要重新思考和重构法律的作用。法律的功能本质上存在争议，并且经常改变。然而，有两个比喻有助于阐释法律的功能。其一来自皮埃尔·勒博特尔（Pierre Lepaulle），他将法律描述为一种“社会药物”，旨在治疗和预防已经降临或未来可能降临于社会的各种弊病。②第二个有用的比喻由朗·富勒（Lon L. Fuller）提出，富勒认为律师是“我们法律、政治和经济秩序的主要设计师”。③本书认为，这两个隐喻都有助于为法律的未来作用，特别是法律对未来技术和人工智能的监管问题提供一个更好的框架。反之亦然，即人工智能和新技术的监管对全球所有社会的未来都至关重要，这也将影响到对法律的需求。因此，人类当今似乎真的面

① Dirk Helbing, *Next Civilization: Digital Democracy and Socio-Ecological Finance—How to Avoid Dystopia and Upgrade Society by Digital Means*, 2nd ed. (Cham: Springer, 2021) 65.

② Pierre Lepaulle, “The Function of Comparative Law with a Critique of Sociological Jurisprudence” (1922) 35 (7) *Harvard Law Review* 838—858, 838.

③ Lon L. Fuller, “On Teaching Law” (1950) 3 (1) *Stanford Law Review* 35—47, 37.

临着这样一个悖论：我们似乎第一次有能力通过创造未来以预测未来。这也证实了路德维希·维特根斯坦（Ludwig Wittgenstein）的预测性言论："能被想到就有可能被做到。"①

所有与人工智能有关的悖论，正如表现在其他众多矛盾修辞法中的一样，需要单独和集体地进行一系列思考。有鉴于此，主要的挑战是保证最大限度的政策连贯性和法律一致性，这意味着在当地和全球不同法律和法规之间的最佳协调和相互作用。在全球范围内，要实现这种更大程度的一致性目标，需要对目前国际法律秩序的架构进行大刀阔斧的改革。然而，联合国组织和世界贸易组织过去和现在的困境都表明，只有在相关的认知变化实现之后，改革才能成功进行。②因此，有人声称，为了实现提高一致性和包容性的必要认知变化，需要在各种感官之间进行更多整合。此种言论支持了这样一个论点：感官的更大统一将导致更综合的认知，这最终也将导致法律在立法和行政层面的更大统一。这正是将"联觉"和"法律"两个词合并并创造出"法律联觉"一词的作用所在。

"法律联觉"一词最初用来强调所有感官之间的内在联系，以及

① Ludwig Wittgenstein，*Tractatus Logico-Philosophicus*（London：Routledge，1960）43（3.02）.

② Andrew T.F. Lang，"Reflecting on 'Linkage'：Cognitive and Institutional Change in the International Trading System"（2007）70（4）*Modern Law Review* 523—549，529.

所有感官与法律之间的内在联系，概括为我们看到、听到、感觉到、触摸到甚至品尝到法律的说法。[①] 同时，“法律联觉”也被用作感知更大统一性的隐喻，不仅适用于不同感官本身，也适用于语言、逻辑和法律。[②] 下文概述了感官的更大统一性对不同领域的意义：

> 感官的统一性以各种方式显现：在感官过程中，不同感官的心理物理行为显示出明显的相似性；在知觉过程中，不同感官提供关于世界的共同信息，感官经验的特征彼此相似；在认知过程中，语言隐喻描述或暗示感官现象的相似性。[③]

通过语言隐喻或所谓的“联觉隐喻”（如“视觉上的听觉”）[④] 或“诗意的矛盾”[⑤]，在语言中表达感官的更大统一性，与法律有着特别

① Sarah Marusek，“Exploring Layers of Law and the Sensory at the Volcano” in Sarah Marusek（ed.），*Synesthetic Legalities：Sensory Dimensions of Law and Jurisprudence*（Oxon：Routledge，2017）1—8，1.

② Neuwirth，*Law in the Time of Oxymora*，*supra* note 67，xiv.

③ Lawrence E. Marks，*The Unity of the Senses：Interrelations among the Modalities*（New York：Academic Press，1978）182.

④ Sean Day，“Synaesthesia and Synaesthetic Metaphors”（1996）2（32）*Psyche* 1—19，1.

⑤ Yeshayahu Shen and Michael Cohen，“How Come Silence is Sweet but Sweetness is not Silent：A Cognitive Account of Directionality in Poetic Synaesthesia”（1998）7（1）*Language and Literature* 123—140，139.

紧密的联系，而法律也强烈依赖于语言。① 事实证明，隐喻不仅是一种“诗意想象的装置”，而且“在日常生活中无处不在，不仅存在于语言中，而且存在于思想和行动中”。② 这也证实了符号学对法律和“法律联觉”研究的重大意义。③ 符号学被广义地定义为“对符号和象征及其使用，特别是在语言中使用的研究”，然而，符号学并不局限于语言。由于符号通过任何一种已知的感官进行交流，符号学也可以“应用于分析人类所有感官的交流模式，即听觉、视觉、味觉、触觉和嗅觉”。④ 同样，符号学与法律有很大关系，因为据说大多数律师的工作都涉及符号学。⑤ 毫不奇怪的是，符号学也被发现对消费者广告，包括潜意识信息有很大的用处。⑥

---

① Brian Bix，*Law，Language，and Legal Determinacy*（Oxford：Clarendon Press，2003）1.

② George Lakoff and Mark Johnson，*Metaphors We Live By*（Chicago：The University of Chicago Press，1980）3.

③ Rostam J. Neuwirth，“Legal Semiotics and Synaesthesia” in Anne Wagner and Sarah Marusek（eds.），*Research Handbook on Legal Semiotics*（Cheltenham：Edward Elgar，forthcoming in 2023）.

④ David Crystal，*A Dictionary of Linguistics and Phonetics*，6th ed.（Malden：Blackwell，2008）431.

⑤ Susan Tiefenbrun，*Decoding International Law*：*Semiotics and the Humanities*（Oxford：Oxford University Press，2010）20.

⑥ Manuela Epure，Eric Eisenstat and Christina Dinu，“Semiotics and Persuasion in Marketing Communication”（2014）13 *Linguistic and Philosophical Investigations* 592—605.

简而言之，语言、技术和感官之间的这些不同联系对法律而言也至关重要，正如联觉知觉规则所重申的那样。就法律而言，感官的重要性同样容易解释，因为感官在“创造意义”方面扮演着至关重要的角色，其“将现实拆分成充满活力的小块，并将它们重新组装成有意义的模式”。[①] 因此，法律联觉可以为法律理论和法律实践提供一个强有力的基础。就理论而言，法律联觉为法律教育和法律研究提供了一个良好的方法。就法律实践而言，已经证明法律联觉与法律裁决密切相关，换言之，在国际贸易法、知识产权法、文化财产法和（数字）证据规则等领域裁决案件的过程中，联觉可以发挥巨大作用。[②]

据称，这些品质有助于“法律联觉”解决与人工智能和新技术有关的严重挑战。首先，我们认为“法律联觉”最能解决法律“以眼睛为中心”（换言之，太过集中在视觉上）的弊端。[③] 将法律建立

① Diane Ackerman，*A Natural History of the Senses*（New York：Vintage Books，1990）xvii.

② Rostam J. Neuwirth，“International Adjudication and Semiotics” in Hélène Ruiz Fabri（ed.），*Max Planck Encyclopedia of International Procedural Law*（MPEiPro）（Oxford：Oxford University Press，2021）1—30，Neal Feigenson and Christina Spiesel，*Law on Display*：*The Digital Transformation of Legal Persuasion and Judgment*（New York：New University Press，2009）and Elizabeth G Porter，“Taking Images Seriously”（2014）114（7）*Columbia Law Review* 1687—1782.

③ Lionel Bently，“Introduction” in Lionel Bently and Leo Flynn（eds.），*Law and the Senses*：*Sensational Jurisprudence*（London：Pluto Press，1996）3.

在所有感官上也符合潜意识教化技术的可能性，这些技术主要被认为作用在视觉和听觉领域，但是，由于电子舌头、电子鼻子和电子皮肤等新颖设备的出现，这些技术也可能被扩展到其他感官上。从这个意义出发，联觉类似于增强现实，可以被看作是我们感官的技术延伸。

其次，法律联觉作为一种有效的“认知去碎片化技术”，通过弥补（国际）法律碎片化的一些有害影响，帮助法律实现更大的统一性。[①] 鉴于人工智能及其相关融合技术已被认定为跨领域问题，这一点尤为重要。法律符号学所建议的需要对法律采取更加跨学科的方法也支持了上述观点。[②] 这对人工智能和特别用于互动广告的潜意识教化技术具有特殊价值，这些技术，基于深远的数据收集、分析和定位装置，“结合了语义学、人工智能、拍卖理论、社交网络分析、数据挖掘和神经科学等领域的一些最新发展”。[③]

① Neuwirth, “International Adjudication and Semiotics”, *supra* note 144 and Luca Pasquet, “De-Fragmentation Techniques” in Hélène Ruiz Fabri (ed.), *Max Planck Encyclopedia of International Procedural Law* (*MPEiPro*)(Oxford: Oxford University Press, 2021).

② Anne Wagner, “Mapping legal semiotics” (2010) 23 *International Journal for the Semiotics of Law* 77—82, 78.

③ Jeff Chester, “Cookie Wars: How New Data Profiling and Targeting Techniques Threaten Citizens and Consumers in the ‘Big Data’ Era” in Serge Gutwirth et al. (eds.), *European Data Protection: In Good Health?* (Dordrecht: Springer, 2012) 53—77, 53—55.

再次，法律联觉回应了由于持续的专业化趋势而产生的对更大跨学科性和科学统一性的需求。在这一趋势下，学科的数量从 13 世纪第一所大学成立时的 7 个增加到 2012 年的 8000 多个，这招致了一个批判性的结论，即今天“某个学科的伟大专家对 7999 个以上的学科完全不了解”。① 这与目前系统失控的警告产生了共鸣，因为“虽然一些专家熟悉如人工智能、纳米技术、大数据或遗传学等某个领域的发展，但没有人是所有领域的专家”。② 这也意味着，我们必须确保人类智能得到人工智能的增强，而非被其取代。③ 保障人类智能至关重要，因为已知的是，与管理国际象棋世界的一套固定规则相比，人工智能在“一个没有僵硬规则和成堆完美历史数据的真正开放世界问题”中的表现是灾难性的。④ 一个类似的发现被称为

① Basarab Nicolescu，“The Need for Transdisciplinarity in Higher Education in a Globalized World”（2012）3 *Transdisciplinary Journal of Engineering & Science* 11—18，11.

② Yuval Noah Harari，*Homo Deus*：*A Brief History of Tomorrow*（New York：Harper，2017）51.

③ David De Cremer and Garry Kasparov，“AI Should Augment Human Intelligence，Not Replace It”，*Harvard Business Review*（March 18，2021）；https：//hbr.org/2021/03/ai-should-augment-human-intelligence-not-replace-it；Garry Kasparov，*Deep Thinking*：*Where Machine Intelligence Ends and Human Creativity Begins*（New York：PublicAffairs，2017）259.

④ David J. Epstein，*Range*：*Why Generalists Triumph in a Specialized World*（New York：Riverhead Books，2019）29.

“莫拉维克悖论”（Moravec Paradox），此悖论认为计算机在推理任务中比人类表现得更好，但在那些需要感觉运动和感知技能的任务中却表现得更差。[①]这些发现引起了以下显然是有根据的担忧：

> 风险不在于人工智能会变得比我们更聪明，我们把重要事项交予其决定，风险在于人工智能不比我们聪明，但我们却把重要决定的代理权交给它。[②]

最后一个与人工智能相关的悖论的例子是一个由于数据量不断增加而加剧的复杂性悖论。[③]具有讽刺意味的是，复杂性悖论被认为是由人工智能和大数据引起的，同时也是由人工智能和大数据解决的。

法律联觉与技术和语言的趋势相匹配是第四个裨益。正如本书中所列举的那样，现在有一种趋势是将新的现象，如人工智能，描

---

① Hans Moravec, *Mind Children: The Future of Robot and Human Intelligence* (Boston: Harvard University Press, 1988) 15.

② A quoted cited from a Tweet by the Centre for AI and Digital Ethics (@CAIDE_UoM) (2 December 2021) apparently attributed to Tim Miller (tmiller@unimelb); https://twitter.com/CAIDE_UoM/status/1466242971196526601.

③ Kenneth L. Mossman, *The Complexity Paradox: The More Answers We Find, the More Questions We Have* (Oxford: Oxford University Press, 2014).

述为矛盾修辞法或悖论或所谓的“本质争议概念”。这不仅表明对其基本含义的认识和理解不足，而且还突出了传统二元论推理和二元逻辑模式的内在局限性。事实是，在很大程度上，新技术的进步推动了在计算中频繁使用模糊逻辑，新的逻辑模式，如多价逻辑，也越来越多地在法律领域被辩论。有人认为，“可能需要新的逻辑，即多价值的、不一致的或非单调的，并且不遵守非矛盾和排除中间的经典法则”。① 拓展二元逻辑传统使用的这种需要也被不同感官及它们在感知中的作用所证实，正如“联觉”隐喻所表达的。在这里，我们可以清楚地看到，严格的二元逻辑在试图描述两个或多个单独感官相互矛盾、相互补充、相互加强的情况时，是有限的。因此，如果联觉感知是一种规则，正如梅洛·庞蒂（Merleau-Ponty）所认为的那样，这些感官的相互作用往往具有多价性。

作为第五个论点，法律联觉为法律所使用的时间打开了新的理解之门。时间可以被视为变化的衡量尺度。变化，尤其是以“不断变化”这一矛盾概念的形式表现出来时，给法律（和法治）带来了重大挑战，因为变化是恒定、持续和不可避免的，而且是当今社会的主

---

① Henry Prakken，“Logics of Argumentation and the Law” in H. Patrick Glenn and Lionel D. Smith（eds.），*Law and the New Logics*（Cambridge：Cambridge University Press，2017）3—31，3.

导因素，这就是为什么“如果不将现在和将来的世界考虑在内，就再也不能作出明智的决定”。① 时间和时效性对于实验性的监管形式尤其具有重要意义，比如日落条款、轻推，等等。② 实验性的监管形式在解决与人工智能有关的伦理挑战方面将发挥特别重要的作用，因为它们被明确纳入了欧盟《人工智能法案》第 53 条（“人工智能监管沙盒”）。在这方面，法律联觉可以通过语言帮助带来对法律的新理解。大多数现代语言，通过严格区分过去、现在和未来，对更完整地理解时间现象施加了限制。③ 对时间新理解的重要性还可以从对相关概念的解释中看出，如“时间管理”④ 或“时空”⑤ 这样的术语，都是矛盾修辞法。对于此，联觉以“时空联觉”的形式提供了一个与时间有关的具体条件。这种情况意味着将时间单位（如一年中的几个月）体验为特异的空间形式已被证实存在，且有助于在精神上组织时间和处理基

① Isaac Asimov，“My Own View” in Robert Holdstock（ed.），*The Encyclopedia of Science Fiction*（London：Octopus，1978）5，5.

② Jon Truby et al.，“A Sandbox Approach to Regulating High-Risk Artificial Intelligence Applications”（2021）*European Journal of Risk Regulation* 1—29；doi：10.1017/err.2021.52.

③ Carlo Rovelli，*The Order of Time*（New York：Riverhead Books，2018）111.

④ Maynard Rolston，*Time Management Is an Oxymoron*：*Learn How to Get More Done in Less Time*（Leawood：Leathers Publishing，2001）86.

⑤ Robert John Russell，*Time in Eternity*：*Pannenberg*，*Physics*，*and Eschatology in Creative Mutual Interaction*（Notre Dame：University of Notre Dame Press，2012）260.

于时间的信息。① 这很重要，因为时间也被证明是解决悖论和矛盾修辞法中矛盾的关键所在。时间可能是三维空间感知中缺失的“第四维”，目前的感官系统无法检测到。② 威廉·莎士比亚在写“这在以前是一个悖论，但现在时间给予了它证明”时 ③ 指出这种联系。

最后但同样重要的是，时间对于目前人工智能监管的情况也至关重要，以便使人工智能不仅在目前，而且特别是对未来的几代人而言都是值得信赖和具有包容性的。这也反映在阿马拉（Amara）的矛盾法则中，此法则警告说，如果现在不采取适当行动，我们很可能会低估未来人工智能系统和技术的中长期变革性甚至是破坏性影响。④ 为了防止这种危险，建议立即采取行动。这意味着欧盟《人工智能法案》、欧洲委员会人工智能特设委员会（CAHAI）计划中的人工智能法律框架，以及联合国教科文组织关于人工智能伦理的建议都是适时的，因为现在是监管人工智能的时候了。

---

① Heather Mann et al.，“Time—space synaesthesia—A cognitive advantage？”（2009）18 *Consciousness and Cognition* 619—627，619 and 625.

② Neuwirth，*Law in the Time of Oxymora*，*supra* note 67，259 and Charles H. Hinton，*The Fourth Dimension*（London：Swan Sonnenschein & Co.，1901）.

③ William Shakespeare，“Hamlet” in John Dover Wilson（ed.），*The Works of William Shakespeare*，vol. 7（Cambridge：Cambridge University Press，2009）3，62［*Italics* added］.

④ Thomas H. Davenport，*The AI Advantage*：*How to Put the Artificial Intelligence Revolution to Work*（Cambridge：The MIT Press，2018）7.

结 论

*有意识地、聪明地操纵群众有组织的习惯和意见是民主社会的一个重要因素。那些操纵这个看不见的社会机制的人构成了一个看不见的政府，它是我们国家的真正统治者。*①

技术一直影响和造就着我们的生活。对此，可以用“太阳底下并无新鲜事”来形容。事实上，很难想象有什么东西的创建是从无到有的。然而，一次又一次，新技术最初在其蕴含的内在机遇方面显得很新颖，但后来却暴露出其严重风险。今天，由人工智能广泛限定的新技术的基本新颖性主要在于智能机器的创造。我们只是慢慢地意识到秘密操纵人脑中最深层思想和认知过程的危险性。从这个角度出发，技术的一个面向经常被遗忘，那就是任何工具，即使是最简单的史前工具，一直都有并且将一直对其使用者的思想产生影响。这种现象可以用不同技术作为人体延伸的概念化来解释，也

① Edward Bernays，*Propaganda*（New York：Liveright，1928）9.

可以用“造物主是人”（*homo faber*）或人类作为他自己命运工匠的概念来解释。然而，矛盾的是，为了塑造自己的命运，一个人必须能控制自己的思想，同时也要使自己的思想免受第三方不必要的操纵。显然，控制自己的思想是每个人的责任，但社会的任务是确保个人思想不被以秘密和有害的方式操纵。

在此背景下，可以预见欧盟委员会的《人工智能法案》提案会备受推崇，因其是一项重要的综合监管举措，旨在应对被比喻为“人工智能”的现有和未来技术挑战。《人工智能法案》的重要性源于这样一个事实：即使是今天存在的最具体的技术设备和发明，也已经在其应用中引发了严重的伦理问题。随着不同系统、行业、技术和应用之间的进一步融合，这一趋势在未来只会愈演愈烈。因此，我们有充分的理由选择为像人工智能这样强大的系统建立一个有约束力的法律框架，因为它们在今世及后代的生活中无处不在，且作用仍与日俱增。

为此，国家之间以及以欧洲委员会、经济合作与发展组织、联合国教科文组织为代表的各种区域和国际组织为将人工智能系统的发展置于一个有约束力的法律框架之下所做的平行努力至关重要。根据我们时代的悖论，显然在不久的将来也必须出台一份全球性的标准制定文书，以便让地球上的每个人都能享受该文书所涵盖新技术的有益方面，同时得到该文书的保护，免受人工智能所带来的严重风险和危险的影响。

欧盟《人工智能法案》也反映了相当多的关键性远见，因为在与被称为“人工智能”技术相关的机会中，也存在着由脑机接口或功能性磁共振成像等各种神经技术促成的对大脑和思想隐性干扰的严重危险。因此，从思想的角度来看，欧盟《人工智能法案》的最大价值也许在于计划中的对任何“在人的意识之外部署潜意识教化技术人工智能系统”的具体禁止。从过去对潜意识广告类似禁令的经验以及最近科学实验的支持可以得知，潜意识刺激或所谓的“隐藏的说服者”不仅对人的思想而且对人的行动产生影响这一说法得到了普遍证实。《人工智能法案》草案中所计划的禁令，即使其最终措辞有可能修改，绝对是朝着正确方向迈出的一步，应该在各个司法管辖区引进。即使仅仅是各类视频平台上为包括自助（如增强信心、快乐或动力）、冥想和学习（如作为考试准备）等各种目的提供的潜意识内容的流行，似乎也需要对这个问题给予一些监管上的关注。目前，已经存在被称为“大脑间谍软件”的技术或设备，应用潜意识教化技术来获取个人数据和私人想法。因此，只有在未来此类技术发展之前，拟议的法规才能提高对这类危险的认识，这对保护我们的思想免受消极、有害和操纵的做法至关重要。

在这里做一个简单的总结，首先要考虑《人工智能法案》的大背景及其与其他现有（以及计划中未来）监管法案，特别是《通用数据保护条例》《民事责任制度和产品责任指令》《数字市场法》和《数字服务法》之间的关系。同时，必须以创造性的方式重新思考不同法律领域如竞争法、知识产权法和国际贸易法之间的互动，简而言之，保持整个法律体系的连贯性和一致性。在此种情形下，监管者会遇到一个悖论，即数量少但相互协调得比较好的监管可以实现更多的目标，而且也可以做得更好。

其次，极其重要的是，要具体落实整个欧盟《人工智能法案》的执行计划，特别是明确主管部门和（技术）手段，以监测人工智能系统是否部署了潜意识教化技术。回顾一下潜意识广告的案例，很明显，在强有力的监管和薄弱的执法之间，在大量的监管机构和少量的案件或侵权记录之间，存在着不平衡。如果不采取行动具体落实执行，拟议的条款就会失去作用，对属于这一类人工智能系统的未来发展不会产生任何影响。换言之，还需要纠正目前在使用监控技术方面的不平衡，一方面是检测潜意识教化技术，另一方面是调查人。这一点被监控资本主义的概念批判性地捕捉到了，它"单方面地要求把人类的经验作为免费的原材料，转化为行为数据"。[①]

① Shoshana Zuboff，*The Age of Surveillance Capitalism*：*The Fight for a Human Future at the New Frontier of Power*（New York：Public Affairs，2019）8.

最后，对潜意识和超意识在人类生活中作用的分析和讨论也强调了思想在生活、科学、技术和法律中的重要性。对于此，最近语言的变化，以频繁使用矛盾修辞法和悖论的形式引人注目，与最近的技术变化相匹配，并表明即将发生的范式转变。此外，正如“法律联觉”一词所反映的那样，需要从根本上改变法律的概念化和应用方式，超越二元论推理和二元逻辑所带来的传统限制。人们发现，只有当认知变化成为现实时，机构的架构才能适应现在和未来的需要。

将所有这些因素叠加在一起，可以解释为什么欧盟《人工智能法案》及其对潜意识教化技术的禁止为重要的全球公共辩论提供了一个有用起点，因《人工智能法案》支持对进一步和更多的跨学科研究的呼吁，也支持旨在保护开放思想免受敌人影响的侧翼措施的呼吁。使这类开放思想免受隐蔽和有害干预对于保护公民的思想隐私而言至关重要。否则，1984 年不仅是私人生活结束的一年，也是*私人思想结束的一年*。[①] 这就是为什么思想自由权必须得到更多关注，因为它是人类决策自主性，也就是所谓“自由意志”的最终和最基本的前提条件。作为决策自主性体现的自由意志也必须得到保障，以维护我们在数字领域的人类尊严。

① George Orwell，*1984*（New York：Signet，1950）156.

译后记

此书原文于2022年8月15日正式出版，作者诺思坦（Rostam Josef Neuwirth）教授是我攻读博士学位时的导师，所以在本书英文版正式出版前我就有幸拜读过，并于2022年9月在“互联网法治研究”公众号上发表了一篇书评，其中有一句是这么写的：“《黑镜》中描述的极度荒谬的黑科技正逐渐变成我们眼前正在经历的一种生活状态，深不可测的人类意识兴许是AI攻克世界的最后一个壁垒。”言犹如此，但当时的我对这一天是否会到来仍然秉持着将信将疑的态度。

2022年12月中旬，一位定居加拿大的朋友跟我说，国外现在很流行一个名为ChatGPT的程序，可以帮忙完成一些文字工作，也可以向它提问，我当即让朋友代替我问了一个问题：“AI啥时候能超过人类？”当时，ChatGPT（2022年12月15日版）是这么回答的：

“AI（人工智能）是计算机程序，它们可以帮助人类执行各种任务。在某些方面，AI 程序已经能够超过人类的能力，例如在计算速度和准确度方面。但是，AI 程序并不能完全取代人类，因为它们缺乏人类的智能、感知能力和自我意识。目前，AI 技术仍然存在很多限制，并不能在所有领域取得像人类一样的成功。研究人员正在不断努力改进 AI 技术，使其更加强大和灵活。但是，人类智能是一个非常复杂的问题，并不能通过简单地模仿人类来实现。因此，AI 啥时候能超过人类是一个很难回答的问题，可能要花很长时间才能看到真正意义上的进步。”

现在看来，相比于对 AI 超越人类的担忧，更迫在眉睫的问题是 AI 对人类思想的操控，已有研究表明，ChatGPT 可以被用来操控人类，使其在不知不觉中透露如密码和信用卡号码等敏感信息，或作出不符合其最佳利益的决定，如购买不需要的产品或服务等。斯蒂芬·霍金曾预言，除非我们学会如何面对和避免潜在风险，否则人工智能可能是我们文明历史上最糟糕的事件；埃隆·马斯克也说过，人工智能比核武器危险得多。虽然对于人工智能什么时候能超越人类尚未可知，然而可以确定的是，人工智能已经在重塑我们的生活、互动、环境，以及最可怕的：我们的思想。

2023 年 5 月下旬，本书翻译接近尾声时，埃隆·马斯克旗下的人脑芯片植入公司 Neuralink 宣布，其脑机接口计划已获得美国食品和药物管理局批准，将启动首次人体临床试验，为可靠地“阅读”甚至“操纵”人类思想打开了潘多拉的魔盒。人工智能、神经科学和认知心理学的重大发展可能会对人类思想的隐私及完整性产生前所未有的颠覆性影响，并开始挑战“思想在表达之前都是自由的”这一传统观念。更让人担忧的是，对思想的干预和操纵可以在潜意识中进行。

事实上，人工智能及其相关技术对人类思想的影响已经超出了数据化社会的一些已知风险和危害。欧盟一直走在数据与科技立法的尖端，其对人工智能的立法由规制技术对行为的操纵逐渐深入到规制技术对潜意识的操控，这体现在欧盟《人工智能法案》提案禁止“*使用在人的意识之外部署潜意识教化技术（Subliminal techniques）的人工智能系统*”的条文中，此书行文正是围绕这一具体条款缓缓展开，抽丝剥茧地回答了“人的潜意识是如何被 AI 操纵的？”以及“法律如何使人类的潜意识免受 AI 的操控？”这两个趣味横生且极其关键的问题。

法国哲学家笛卡尔有一句广为人知的哲学名言“我思故我在”（*Cogito*，*ergo sum*），伯特兰·罗素在其所著的《西方哲学史》中涉及笛卡尔的章节把“我思故我在”解释为，根据我思考这一事实从而推断出“我”的存在。因此，我思考时我也存在，也只有那时我存在。如果我停止思考，就不会有我存在的证据。这句话证明了“思想自由”在人的尊严、作用和存在中所扮演的重要角色。从去年 ChatGPT 的横空出世到今年脑机接口人体实验获批，人工智能及其相关技术的发展仿佛被按下了快进键，完成本书翻译的我，对开头那句话所描述的场景不再秉持将信将疑的态度。人的自主性、能动性和以人为本的观念是人工智能监管所要秉持的核心理念，大脑是我们隐私的最后一块处女地，法律是捍卫人类认知自主权的最好武器。

2022 年 9 月，诺思坦教授和我共同萌生了将此书翻译成中文出版的心愿，其间通过邮件积极联系了海内外的一些出版社，均杳无音信。就在快要放弃之时，幸得於兴中教授在其中“穿针引线”，让我顺利联系到了上海人民出版社的冯静编辑，使得此书中文版最终得以面世。在此对於兴中教授的引荐及冯静编辑的专业和耐心致以衷心的感谢！

译文如有任何疏漏，文责自负！

戴艺晗

图书在版编目(CIP)数据

被 AI 控制的潜意识:欧盟《人工智能法案》的法律策略/(奥)诺思坦(Rostam Josef Neuwirth)著;戴艺晗译.—上海:上海人民出版社,2024
(数字素养丛书/於兴中主编)
书名原文:The EU Artificial Intelligence Act: Regulating Subliminal AI Systems
ISBN 978 - 7 - 208 - 18743 - 6

Ⅰ. ①被… Ⅱ. ①诺… ②戴… Ⅲ. ①人工智能-科学技术管理法规-研究 Ⅳ. ①D912.170.4

中国国家版本馆 CIP 数据核字(2024)第 035934 号

责任编辑 冯 静
封面设计 苗庆东

数字素养丛书
被 AI 控制的潜意识
——欧盟《人工智能法案》的法律策略
[奥地利]诺思坦 著
戴艺晗 译

出　　版 上海人民出版社
(201101 上海市闵行区号景路 159 弄 C 座)
发　　行 上海人民出版社发行中心
印　　刷 苏州工业园区美柯乐制版印务有限责任公司
开　　本 635×965 1/16
印　　张 13.75
插　　页 5
字　　数 118,000
版　　次 2024 年 8 月第 1 版
印　　次 2024 年 8 月第 1 次印刷
ISBN 978 - 7 - 208 - 18743 - 6/D · 4264
定　　价 68.00 元

The EU Artificial Intelligence Act: Regulating Subliminal AI Systems / By Rostam Josef Neuwirth / ISBN: 978-7-208-18743-6.